Der Engel-Ratgeber

Diana Cooper

Der Engel-Ratgeber

In jeder Lebenslage
Schutz, Beistand und Trost
durch die himmlischen Wesen finden

Aus dem Englischen
von Susanne Reichert

Ansata-Verlag

Für Jenny
und die Engel – ich danke euch
von ganzem Herzen

Titel der Originalausgabe: «A Little Light on Angels»
First published by Findhorn Press, Scotland

Erste Auflage 1998
Copyright © 1996 by Diana Cooper
Alle deutschsprachigen Rechte beim Scherz Verlag, Bern,
München, Wien, für den Ansata-Verlag
Einbandgestaltung: Robert Wicki

Inhalt

Wie mich Engel auf meinen vorbestimmten Weg führten

Ich glaube, ich habe mir bis zu meiner ersten wunderbaren Begegnung mit den himmlischen Wesen niemals Gedanken über Engel gemacht. Das ist nicht weiter erstaunlich, denn ich stamme aus einer Familie, die es schon peinlich berührte, wenn über das Thema Religion nur gesprochen wurde, und die gläubige Menschen stets als etwas fragwürdig einstufte.

Mein Vater arbeitete anfangs in der Wissenschaft, bis er sich später entschloß, Geschäftsmann zu werden, und meine Mutter verdiente ihr Geld als Krankenschwester. Sie waren nüchterne, allein der Ratio verhaftete Menschen, die übersinnlich, spirituell oder religiös veranlagte Menschen als Spinner bezeichneten.

Als Kind wurde ich ständig belehrt, daß man in Gesellschaft über gewisse Themen nicht reden dürfe: Geld, Politik und Religion! Für mich gehörten Engel eindeutig zur letzten Kategorie.

Ich bekam deshalb einen gehörigen Schreck, als meine Mutter eines Tages verkündete, sie wolle mit mir und meinem Bruder Nigel in die Kirche gehen! Ich war damals dreizehn Jahre alt, und soweit ich mich erinnern konnte, hatte ich noch niemals eine Kirche von innen gesehen. Meine Mutter erklärte, unsere religiöse Erziehung wäre völlig vernachlässigt worden, und das wollte sie jetzt nachholen. Nigel und ich waren entsetzt. Meine Mutter zog ihr bestes Kleid an und schleifte uns förmlich in die Kirche. Ebenso mürrisch, wie wir uns auf den

Weg machten, kehrten wir auch wieder zurück, und das Experiment wurde nie wiederholt. An das Erlebnis selbst erinnere ich mich überhaupt nicht mehr, nur an die Verwirrung und die Wut, die ich verspürte. Es schien, als wären alle bisher gültigen Lebensregeln plötzlich auf den Kopf gestellt worden.

Im Alter von siebzehn Jahren hatte ich mein erstes und für lange Zeit einziges übersinnliches Erlebnis, von dem ich verständlicherweise niemandem erzählen konnte. Mein damaliger Freund, der die nächsthöhere Klasse besuchte, ging zu einem Klassenfest, zu dem auch seine frühere Freundin eingeladen war. Ich blieb zu Hause, wo mir meine Mutter, wie es damals üblich war, in der Küche die Haare wusch. Während ich noch mit meiner Mutter sprach, befand ich mich plötzlich gleichzeitig in dem Raum, wo die Party stattfand, und beobachtete, was dort vorging. Ich erblickte meinen Freund, auf dessen Schoß seine ehemalige Freundin saß, und mußte mit ansehen, wie sich die beiden küßten. Ich war am Boden zerstört! Niemals, nicht einen einzigen Augenblick, habe ich mein Erlebnis angezweifelt. Ich war mir sicher, daß ich dort war, denn ich konnte alle Personen und Gegenstände in dem Raum genau erkennen.

Als mich mein Freund am nächsten Tag anrief, begrüßte ich ihn mit den Worten: «Wie konntest du nur so etwas tun!» Seltsamerweise fragte er niemals, woher ich mein Wissen hatte und was ich überhaupt wußte. Uns beiden war einfach klar, daß ich die Wahrheit kannte.

Das Leben nahm unerbittlich seinen Lauf mit all seinen Höhen und Tiefen. Ich heiratete und bekam drei Kinder. Die Jahre als Mutter waren trotz mancher Herausforderungen eine glückliche Zeit. Viele Jahre lang lebte ich mit meiner Familie in Übersee in einer Umgebung, die vor allem vom Materialismus geprägt war.

Doch dann folgte eine sehr düstere Zeit. Meine Ehe geriet in eine tiefe Krise. Gleichzeitig entschlossen sich die Kinder, in ein Internat zu gehen, und ich hatte das Gefühl, als hätte mein Leben seinen Sinn verloren. Meine verzweifelte Situation spitzte sich zu, als mein Mann und ich wieder nach England übersiedelten, wo ich niemanden kannte. Ich saß allein in einem großen Haus und überließ mich meinen trüben Gedanken. Ich wußte, daß ich fortgehen und mich scheiden lassen mußte, doch ich fürchtete mich vor der Aufgabe, für mich und die Kinder ein neues Zuhause aufzubauen. Mutlos fragte ich mich, wie ich unseren Lebensunterhalt bestreiten sollte, denn ich hatte keine Ausbildung vorzuweisen. Meine Zuversicht war auf dem Nullpunkt angelangt, und ich war am Ende meiner Kräfte.

Ich war so verzweifelt, daß ich nicht mehr weiterleben wollte. Doch als meine Krise ihren Höhepunkt erreichte, nahm mein Leben plötzlich eine wunderbare, unerwartete Wendung: Ich hatte meine erste tiefgreifende spirituelle Erfahrung. Wie ich bereits in meinen anderen Büchern geschildert habe, hob mich ein wunderbar strahlendes *Wesen* empor und machte mit mir eine Reise durch das Universum. Es verkündete mir, ich sei eine «Lehrerin». Ich nannte es damals «Lichtwesen», doch heute weiß ich, daß es ein Engel war – ein wunderschöner, goldener Engel. Aber mein Verstand sträubte sich zu jener Zeit so sehr gegen die Vorstellung von Engeln, die ja schließlich zur Religion gehörten, daß ich dieses geheimnisvolle Wesen nicht als solchen akzeptieren konnte, obwohl es durchaus Ähnlichkeit mit einem traditionellen Engel hatte, wie man ihn auf Bildern findet – ich erinnere mich allerdings nicht, ob er Flügel hatte. Er schien schwerelos durch die Luft zu gleiten und sauste manchmal ganz schnell wie Superman an mir vorbei.

Nach dieser beglückenden Erfahrung, die mein Leben von Grund auf veränderte, erwachte mein Interesse an Geistführern. So nennt man hochentwickelte Wesen der jenseitigen Welt, von denen die meisten – aber nicht alle – früher in einem menschlichen Körper auf der Erde gelebt haben. Aus Mitgefühl und großer Liebe bieten sie uns bereitwillig ihre Führung und Hilfe bei unserem spirituellen Wachstum an. Ich lernte, mit meinen persönlichen Geistführern zu sprechen, und konnte sie, als sich meine Hellsicht entwickelte, manchmal sogar sehen.

Engel fördern unsere geistige Entwicklung

Ich wollte leidenschaftlich gern Heilerin und spirituelle Lehrerin werden, was dazu führte, daß sich mein Leben in den folgenden zwölf Jahren grundlegend veränderte. Ich begann einen spirituellen Weg zu gehen, ohne mich an eine bestimmte Religion zu binden. Mir ist klargeworden, daß alle Religionen spirituelle Wege zum Gipfel ein und desselben Berges sind: Wege zu Gott. Deshalb akzeptiere ich alle Religionen, ohne einer bestimmten anzugehören. Obwohl ich damals von Zeit zu Zeit Engel wahrnahm, kommunizierte ich anfangs in erster Linie mit meinen Geistführern. In jenen Jahren hatte ich viele übersinnliche und spirituelle Erlebnisse.

Die zweite aufrüttelnde Begegnung mit Engeln fand an einem Sommerabend statt, als ich entspannt in der Badewanne lag, die sanfte Wärme des Schaumbades genoß und in Gedanken mit meinem kommenden Seminar beschäftigt war, welches das Thema «Heilung und Entwicklung übersinnlicher Fähigkeiten» behandeln sollte. Ich bat um spirituelle Führung und fragte: «Worum geht es in diesem Kurs?» Plötzlich formte sich ein eindringlicher, klarer Gedanke in meinem Kopf, der mir deutlich die Botschaft vermittelte: «Du wirst deine Schüler lehren, mit Hilfe von Engeln zu heilen.»

Ganz entsetzt rief ich: «Aber ich weiß doch gar nichts über dieses Thema.»

Die Stimme erwiderte: «Doch. Es ist dir nur noch nicht bewußt.»

«Aber das kann ich doch nicht in einem Anfängerkurs machen», sagte ich, «einige Teilnehmer waren noch nie bei so etwas dabei.» Die Antwort kam wie aus der Pistole geschossen: «Wer leitet den Kurs – dein Ego oder deine höhere Führung?» Ich begriff und fragte: «Was also ist der Unterschied zwischen dem Heilen mit Geistführern und Heilen mit Engeln?»

Die Stimme antwortete: «Engel werden euch beide zu Gott erheben.» Ich vermutete, daß damit der Heiler und die Person, die Heilung sucht, gemeint waren. Die Stimme fuhr fort: «Du brauchst einen stabilen goldenen Raum, in den du die Engel einlädst. Schaffe diesen Raum.»

Die Kommunikation war beendet. Fassungslos hüpfte ich aus der Badewanne, schlang ein Handtuch um mich und schrieb das Erlebte auf. Ich ging davon aus, daß ich alle weiteren notwendigen Informationen vor Kursbeginn erhalten würde – und ich sollte recht behalten.

Bevor Sie jetzt weiterlesen, möchte ich Sie bitten, Ihren Geist von allen Vorstellungen und Konzepten zu befreien, die Ihr Leben bisher bestimmt haben. Denn Sie werden mit wunderbaren Kräften Bekanntschaft machen, welche jenseits unserer wahrnehmbaren Realität existieren und deshalb oft für Aberglauben erklärt werden. Sie werden aber am eigenen Leib erfahren, daß Engel Wirklichkeit sind und in machtvoller Weise auf unser Leben einwirken.

In diesem Buch sind Erfahrungen von Menschen zusammengetragen, die ganz unglaubliche Heilungen durch Engel erfahren haben. Schmerz, Trauer und Wut lösten sich unter den Strahlen des göttlichen Lichts auf und verwandelten sich auf wundersame Weise in Liebe, Frieden und Freude. Indem Sie an den Erlebnissen dieser Menschen teilhaben, wird in Ihnen jenes ursprüngliche Wissen um die tiefen Zusammenhänge des Universums erweckt, das in Ihrer Seele schlummert.

Manches, was Sie hier lesen, wird Ihnen vielleicht seltsam oder verwirrend erscheinen, doch wenn Sie versuchen, die Texte einfach auf sich wirken zu lassen und mit dem Herzen ihre Botschaft zu verstehen, wird sich Ihnen die Wahrheit offenbaren. Im Nachdenken über das Gelesene werden Sie sich für die machtvolle Gegenwart der Engel öffnen, und Ihr Bewußtsein wird jene Transformation erfahren, die für die Einsicht in die spirituellen Welten so wichtig ist. Denn die Engel lassen sich nicht durch unseren Willen herbeizwingen; allein die Kraft unseres Glaubens und die Stärke unseres Vertrauens schaffen die Basis für eine Begegnung mit den himmlischen Geschöpfen.

Wenn Sie sich in das liebevolle Wirken der Engel eingefühlt haben, können Sie sich mit Hilfe der Übungen am Schluß des Buches auf die heilende Energie der Engel einstimmen und eine Begegnung mit ihnen herbeiführen. Am Ende jedes Kapitels finden Sie Angaben zu den entsprechenden Engel-Meditationen, die Ihnen in Ihrer augenblicklichen Situation helfen werden. Denken Sie stets daran: Engel warten nur darauf, daß wir uns ihrer Liebe öffnen, und stehen mit ausgestreckten Armen bereit, uns zu unterstützen und zu heilen.

1

Engel – Träger und Beschützer des Universums

«Was sind Engel genau?» fragte ich meinen engelhaften Lehrer bei einem weiteren Gespräch.

Er antwortete, Engel wären hohe spirituelle Wesen, die Gott als Führer, Beschützer und Helfer für Seine Schöpfung ernannt hätte, und die er als seine Boten einsetze.

Menschen dagegen sind noch nicht so hoch entwickelte Wesen und kommen in einem physischen Körper auf die Erde, um durch ihre Erfahrungen auf diesem Planeten spirituell zu wachsen. Sie bestehen ebenso wie alle anderen Wesen und Gegenstände auf der Erde aus vibrierender Energie. Je langsamer und schwerer die Schwingung ist, desto dichter ist auch die Energie des jeweiligen Wesens oder Gegenstandes, weshalb man Menschen, Tiere, Pflanzen ebenso wie Stühle oder Tische sehen und fühlen kann.

Engel haben eine leichtere und schnellere Schwingung und sind deshalb für uns Menschen meistens unsichtbar.

Die himmlischen Geschöpfe sind Zwitterwesen, für die Sexualität ihre Bedeutung verloren hat, da ihre männlichen und weiblichen Aspekte völlig ausgewogen sind. Herrscht bei einem Menschen – ob Mann oder Frau – ein Gleichgewicht zwischen männlicher und weiblicher Energie vor, dann hat er sein sexuelles Begehren überwunden. Nur sehr hoch entwickelte Menschen erreichen diese Stufe des Bewußtseins. Deshalb ist der Zölibat auch für die meisten so schwer zu ertragen. Wer um ein Leben in Enthaltsamkeit *kämpft*, ist eindeutig noch nicht dazu bereit.

Wo stehen Engel in der spirituellen Hierarchie? Generell läßt sich feststellen, daß sie sich auf einer höheren Existenzstufe als wir befinden, obwohl sie sich genau wie Menschen in ihrem spirituellen Wachstum voneinander unterscheiden; der jeweilige Grad ihrer Erleuchtung bestimmt den Platz, den sie in der Engelhierarchie einnehmen.

Menschen und Engel gehen in ihrer Entwicklung unterschiedliche Wege, weshalb aus einem Menschen nur selten ein Engel wird und umgekehrt.

Mein engelhafter Lehrer erklärte, die Aufgabe der Engel auf unserem Planeten bestünde darin, der Menschheit zu helfen und zu dienen. Auch Hunde, Katzen, Pferde und sogar Delphine dienen den Menschen, doch sie befinden sich ebenfalls auf ihrem eigenen Entwicklungspfad. Für den spirituellen Lernprozeß einer menschlichen Seele ist es nicht unbedingt von Vorteil, als Tier, z.B. als Hund, Erfahrungen zu sammeln. Ebenso würde es einem Delphin für seine Entwicklung wenig nützen, wenn aus ihm ein Mensch würde. Engel, Delphine, Menschen, Hunde und andere Wesen entwickeln sich alle auf ihrem eigenen vorbestimmten Weg weiter, wobei sich ein Teil ihres Wachstums im Zusammenspiel mit anderen Spezies vollzieht.

Bis zu dem Augenblick, da ich Engel mit eigenen Augen erblickte und mit ihnen sprach, war mir nicht bewußt, wie viele verschiedene Arten von Engeln es gibt, ebenso wie sich die unterschiedlichsten Typen von Menschen finden lassen, die alle auf ihre individuelle Art wachsen und lernen. Es gibt Engel, die sich dem Heilen verschrieben haben, andere, die dem Frieden dienen, und wiederum andere, die sich für die Liebe und menschliche Beziehungen einsetzen.

So kommt zum Beispiel bei jedem Paar ein Engel zur Hochzeitsfeier, der die Aufgabe hat, die neugeschlossene Ehe zu schützen. Auch wenn sich ein Ehepaar trennt, bemüht sich sein Engel unermüdlich darum, die beiden Partner wieder zusammenzuführen. Dies ist einer der Gründe dafür, weshalb wir eine

Scheidungszeremonie einführen sollten; denn nur so kann dieser Engel entlassen werden, um sich einer anderen Aufgabe zuzuwenden.

Und natürlich haben wir alle von Geburt an einen Schutzengel, der uns unser Leben lang begleitet. Allerdings können die Engel – genau wie unsere Geistführer – uns nur so nahe kommen, wie wir es ihnen gestatten. Oft können sie nicht durch die chaotischen Schwingungen unserer Gefühle zu uns vordringen, um uns mit ihren heilenden und schützenden Schwingen zu umfangen, wie sie es gern tun würden.

Es gibt kleine Engel, die sich um alltägliche Probleme kümmern, und riesige Engel mit unvorstellbar viel Energie, die große, die ganze Welt betreffende Projekte überwachen.

Engel trifft man natürlich auch in der Nähe von Kirchen und Kathedralen an. Sie sind überall anwesend, wo sich Menschen zu religiösen oder spirituellen Anlässen versammeln. Auf unserem Planeten lassen sich darüber hinaus Orte finden, die eine besondere Energie ausstrahlen und an denen sich Engel in großer Zahl versammeln. Man erkennt diese sogenannten *Kraftorte* häufig an ihrer zauberhaften Schönheit und an der magischen Anziehungskraft, die sie auf Menschen ausüben.

Es gibt riesige Engel, die für die hohen Bergketten, die Wälder, Sterne und Sonnen verantwortlich sind, und es gibt noch gewaltigere Engel, die sich um das ganze Universum kümmern.

Schon immer, seitdem die Menschheit existiert, haben sich Künstler aus aller Welt bewußt oder unbewußt diesen Daseinsebenen geöffnet und die verschiedenen Engeltypen auf Gemälden und in Skulpturen dargestellt.

Immer wieder erzählt man sich von dem wunderbaren Gesang der Engel, und nicht ohne Grund spricht man von Engelschören. Mystiker und spirituelle Lehrer aller Zeiten müssen die himmlischen Sänger gesehen und gehört haben und gaben ihr Wissen an diejenigen weiter, die ein offenes Ohr dafür hatten. Engel schaffen eine göttliche, himmlische Musik, deren Klang jenseits des normalen menschlichen Hörvermögens liegt. Doch obwohl wir sie bewußt nicht wahrnehmen können, haben himmlische Klänge eine erhebende, inspirierende und heilende

Wirkung auf uns. Diese Musik berührt den Wesenskern unserer Existenz und bewirkt wundersame Veränderungen in uns, auch wenn wir uns dessen nicht bewußt sind.

Die Gegenwart von Engeln in unserer Mitte öffnet die Tore unseres Bewußtseins für höhere Dimensionen und großartige Möglichkeiten des Wachstums. Heutzutage stehen uns auf unserem Planeten mehr als jemals zuvor in der Geschichte zur Verfügung. Der Grund dafür ist, daß die Erde an einem kritischen Punkt angelangt ist: Wir haben sie rücksichtslos geplündert und eine fast undurchdringliche Wolke von Negativität geschaffen, die sie vollständig einhüllt. Der Schöpfer hat beschlossen, daß dem ein Ende gesetzt werden muß. Wir haben nicht das Recht, die wunderschöne Erde zu zerstören, denn sonst würde die gesamte Ordnung des Universums aus dem Gleichgewicht geraten.

Es gibt für die Menschheit nur einen Ausweg: Sie muß ihr Bewußtsein auf eine höhere Stufe heben, auf der sie die Erde, die Natur, die Tiere und ihre Mitmenschen respektiert – oder sie wird die Erde für immer verlassen.

*In großen Scharen kommen Engel
heute auf die Erde,
um das Bewußtsein der Menschheit
zu transformieren.*

Engel-Meditation 1 (Seite 135)

2

Engel sind stets an unserer Seite

Engel empfinden so große Liebe für uns, daß sie jedes Flehen, das sich den Tiefen unserer Seele entringt, immer und überall erhören. Sie hegen starkes Mitgefühl für unseren Planeten und scharen sich gerade heute so zahlreich um die Erde, um uns in diesen turbulenten, sorgenvollen und unsteten Zeiten ihre liebevolle Hilfe anzubieten.

Eine meiner Klientinnen namens Patricia O'Flaherty schrieb mir kürzlich von einem Vorfall, der sich zu einer Zeit ereignete, als sie zutiefst unglücklich war.

Ich saß nachts allein schluchzend in meinem Zimmer und fühlte mich schrecklich einsam und elend. Da hörte ich plötzlich eine liebliche Stimme, die mich tröstete: «Du bist nicht allein. Wir sind bei dir», und ich nahm eine Schar freundlicher, engelhafter Kräfte im Zimmer wahr. Sie strahlten Wärme und Liebe aus und nahmen mich in ihre schützende Mitte, wobei sie sich völlig geräuschlos durch den Raum bewegten. Sie heiterten mich auf und schenkten mir neuen Mut, und seither ist mir klar, daß wir niemals so allein sind, wie wir uns oft fühlen.

Wenn wir ihrer Hilfe bedürfen, eilen die Engel sofort herbei, um uns zu trösten, zu heilen und uns den richtigen Weg zu zeigen.

In meinem Buch *The Power of Inner Peace* berichtete ich von einem meiner Freunde, den ich hier Barry nennen will. Er arbeitete stets bis in die späten Abendstunden hinein, damit sein

Geschäft gute Gewinne einbrachte. Nacht für Nacht fuhr er völlig erschöpft in seinem Wagen nach Hause und konnte oft kaum die Augen offenhalten. Eines Nachts geschah das Unvermeidliche: Kurz bevor er an einen stark befahrenen größeren Kreisel kam, schlief er am Steuer ein. Als er schließlich erschrocken seine Augen aufriß, lag der Kreisel schon hinter ihm, und er fuhr wieder auf der Straße.

Auf dem Beifahrersitz aber erblickte er einen wunderschönen, strahlenden Engel, der das Lenkrad hielt und den Wagen steuerte. Sobald er merkte, daß Barry aufgewacht war, verschwand er und ließ einen staunenden, ehrfurchtsvollen Barry zurück.

Ich bin fest davon überzeugt, daß wir immer und überall von unseren Schutzengeln und anderen spirituellen Helfern beschützt werden. Wie könnten wir sonst – allein mit unseren beschränkten menschlichen Sinnen ausgestattet – mit Höchstgeschwindigkeit auf Autobahnen dahinrasen, ohne mit anderen zusammenzustoßen?

Normalerweise sind Engel für uns unsichtbar, weil sie auf einer Ebene existieren, die jenseits des menschlichen Sehvermögens liegt. Manchmal jedoch können wir die Schwingung unseres Bewußtseins so weit erhöhen, daß ihre strahlende Gestalt für unsere Augen sichtbar wird. Bei anderen Gelegenheiten, wenn wir zum Beispiel entspannt oder schläfrig sind, lichtet sich vielleicht der Schleier zwischen den Welten ein wenig, und wir können einen Schimmer ihrer Gegenwart erhaschen. Ganz oft aber spüren wir einfach ihre Anwesenheit und ihre liebevolle Energie. Als ich dieses Kapitel schrieb, erzählte mir eine Freundin von einem erstaunlichen Erlebnis ihrer Mutter, einer sehr vorsichtigen, nüchternen Frau. Sie versuchte einmal unter großer Anstrengung, einen furchtbar schweren Schrank zu verrücken, als sie plötzlich einen warmen Luftzug spürte und bemerkte, wie unsichtbare Hände den Schrank anhoben. Sie *wußte* einfach, daß es ein Engel war.

Die Bibel enthält viele wunderbare Erzählungen von Engeln, die den Menschen im Schlaf Botschaften überbringen. Das geschieht auch heute noch, aber im allgemeinen werden solche Erscheinungen einfach als Träume abgetan – Trugbilder unserer Phantasie. Die höheren spirituellen Welten müssen sich über uns Menschen ganz schön wundern!

Eine meiner Freundinnen hatte große Angst vor dem Fliegen. Als sie es endlich wagte, sich dieser Angst zu stellen und in ein Flugzeug zu steigen, bekam sie während des Fluges eine schreckliche, lähmende Panikattacke und konnte deshalb jahrelang ihre Reisen nicht so gestalten, wie sie es gern wollte.

Wir baten um spirituelle Hilfe für sie; wir wußten, daß Engel uns ihre Hilfe immer gewähren, wenn wir darum bitten – ob wir sie nun erkennen und dankbar annehmen oder nicht.

In jener Nacht träumte sie, sie sitze in einem Flugzeug, das von einem riesigen, goldenen Engel getragen wurde. Beim Erwachen begriff sie, daß es sich um eine Botschaft der Engel handelte: Sie brauche sich keine Sorgen zu machen, denn die Engel würden sie beschützen. Heute steigt sie voller Zuversicht in jedes Flugzeug.

Aber im Schlaf werden nicht nur Botschaften überbracht, es geschehen auch wunderbare Heilungen. Eine junge Frau namens Sharon erzählte mir, wie die Engel sie von einem schmerzhaften Leiden befreiten.

Eines Tages bekam sie sehr starke Schmerzen im rechten Knie, ohne den Grund dafür zu kennen. Ihr Arzt untersuchte sie und verschrieb ihr ein Medikament, mit dessen Einnahme sie erst am nächsten Morgen beginnen wollte.

In jener Nacht träumte sie, sie läge auf dem Bauch und ihre Beine wären völlig schwerelos. Sie schwebten leicht wie Federn in der Luft, waren aber immer noch mit ihrem Körper verbunden. Das war ein unbeschreibliches Gefühl. Sie spürte und beobachtete, wie goldene Hände – einfach nur Hände – ihre beiden Beine massierten. Auch das fühlte sich wunderbar an.

Am nächsten Morgen ging es ihrem Knie schon viel besser, und nach zwei Tagen waren die Schmerzen ganz verschwunden. Sie brauchte das Medikament nicht mehr einzunehmen.

Die Welt wird sich verändern,
wenn wir uns der Gegenwart der Engel öffnen.

Engel-Meditation 1 (Seite 135)

3

Spirituelle Hilfe
in Lebenskrisen

Lesley kam in mein «Lebenssinn-Seminar» und berichtete mir und den Teilnehmern von einer eindrucksvollen spirituellen Erfahrung, die ihr bei ihrer intensiven Suche nach Wahrheit den Weg wies.

Drei Jahre zuvor mußte sie innerhalb eines Jahres mit mehreren schmerzhaften, ja traumatischen Verlusten fertig werden. Als sie mit einer schrecklichen Nachricht nach der anderen konfrontiert wurde und sich schließlich ganz verunsichert und zermürbt fühlte, nahm sie sich Zeit zum Nachdenken und versuchte, den Sinn ihres Lebens zu ergründen. Über das, was anschließend geschah, schrieb sie mir folgendes:

Eine Woche nach der Sitzung bei Ihnen erwachte ich in den frühen Morgenstunden von einem sehr hellen weißen *Licht. So etwas hatte ich vorher noch nie gesehen – das Licht war so hell, daß es mein ganzes Schlafzimmer mit seinem Glanz erfüllte. Das war kein irdisches Licht, denn ich mußte nicht blinzeln wie bei Sonnenlicht oder Autoscheinwerfern. Es war ein strahlendes, helles,* reinweißes *Licht, das nicht blendete, sondern* leuchtete *und das ein wunderbares, warmes Gefühl von Liebe verströmte – ich fühlte mich mit einem Male so geliebt. Das Licht schien mir eine Botschaft zu vermitteln: «Du weißt, weshalb ich hier bin – glaube an mich.»*

Ich erinnere mich noch, daß ich abwartete, welche weiteren Botschaften ich erhalten und was wohl als nächstes passieren würde. Da geschah etwas absolut Unfaßbares: Plötzlich fühlte ich mich unter der

Zimmerdecke schweben und blickte von dort auf meinen Körper im Bett herunter. Es war überwältigend! Aber bevor ich wußte, wie mir geschah, war ich schon wieder in meinem Körper und zog mir die Decke über den Kopf. Da mich diese verblüffende Erfahrung sehr beschäftigte, begann ich Bücher darüber zu lesen, und es wurde mir klar, daß ich ein Lichtwesen gesehen und ein außerkörperliches Erlebnis gehabt hatte. Meine Seele hatte sich von meinem Körper getrennt.

Menschen, die eine Begegnung mit Engeln hatten, berichten stets von einem überwältigenden Gefühl der Liebe und des Friedens. Tatsächlich können wir alle die Geborgenheit, Kraft und Zuversicht erfahren, die Engel uns schenken, wenn wir uns ihnen öffnen.

Ich habe oft die Erfahrung gemacht, daß mir andere Menschen, denen ich meine spirituellen Erlebnisse schilderte, von ihren eigenen Begegnungen mit Engeln berichteten. Einmal erzählte mir ein junger Mann von seiner übergroßen Verzweiflung angesichts des Endes einer Beziehung. Er hatte das Gefühl, als seien sein Herz und seine Seele entzweigerissen, und er fragte sich mutlos, wie es weitergehen sollte. In ihm war nur hoffnungslose Finsternis, und er fand lange Zeit keinen Ausweg aus diesem schwarzen Loch.

Eines Nachts dann blickte er verzweifelt aus dem Fenster auf einen Baum, als er plötzlich bemerkte, daß der Baum allmählich heller und immer heller wurde, bis nur noch ein strahlendes Licht mit einem Gesicht in der Mitte zu erkennen war. Der junge Mann empfand tiefen Frieden und hatte zum erstenmal das Gefühl, daß alles sich zum Guten wenden konnte. Nach dieser ermutigenden Erfahrung begann er wieder aufzuleben. Er war fest davon überzeugt, das Gesicht seines Schutzengels gesehen zu haben.

Engel strahlen Frieden und Liebe aus.

Engel-Meditationen 1, 2 und 8 (Seite 135, 136 und 142)

4

Unheil und Gefahren abwenden

Unser Schutzengel, der bei unserer Geburt erscheint, steht uns zeit unseres Lebens zur Seite. Niemand ist auf seinem Weg auf der Erde allein. Wenn wir wüßten, auf wieviel Hilfe aus der jenseitigen Welt wir vertrauen dürfen, würden wir uns nicht so verletzlich und einsam fühlen. Oft wird uns erst in Krisenzeiten bewußt, daß uns von dort Hilfe und Schutz zuströmen.

Mary Miller schrieb mir über die Erfahrungen ihres Sohnes mit seinem Schutzengel folgenden bewegenden Brief:

Mein Erlebnis mit Engeln hatte ich im Jahr 1980, als mein Sohn zum erstenmal hinter dem Steuer seines eigenen Autos saß. Als er eines Nachts sehr spät noch nicht zu Hause war, machte ich mir große Sorgen um ihn. Da forderte mich eine innere Stimme von irgendwoher auf, seinen Schutzengel um Beistand zu bitten. Sofort schwand meine Besorgnis, und ich fiel in einen tiefen Schlaf.

Am nächsten Morgen erzählte mir mein Sohn beim Frühstück von einem merkwürdigen Erlebnis auf dem Heimweg. Als er noch etwa eineinhalb Kilometer von zu Hause entfernt war, nickte er vor Müdigkeit am Steuer ein. Da hörte er plötzlich, wie eine fremde Stimme seinen Namen rief. Verwundert stellte er fest: «Es war weder deine oder Vatis noch eine andere mir bekannte Stimme. Aber ich erkenne sie bestimmt wieder, wenn ich sie noch einmal höre.»

Wir sind beide felsenfest davon überzeugt, daß er die Stimme seines Schutzengels hörte.

Ich brauche wohl nicht zu erwähnen, daß ich mich seitdem mit

Engeln gut verstehe. Möge der Göttliche Beistand immer über uns sein.

Ich liebe diese Geschichte. Sie zeigt, auf welch tiefe und wunderbare Weise wir alle mit jenen Wesen verbunden sind. Wenn jede Mutter, die sich Sorgen um ihr Kind macht, seinen Schutzengel bitten würde, es zu beschützen, und sich dann entspannen und dem himmlischen Schutz vertrauen würde, dann ginge es unbeschwerter und sicherer auf dieser Welt zu.

Die meisten Eltern halten sich für gute Eltern, wenn sie sich um ihre Kinder Sorgen machen. Das ist jedoch ein Irrtum. Sorgen haben eine schwere, dichte, negative Schwingung. Wenn wir sie zu intensiv auf unser geliebtes Kind richten, das auf übersinnlicher Ebene mit uns verbunden ist, machen wir es für Krankheiten, Gefahren und negative Einflüsse anfällig. Düstere, unterschwellige Furcht und Sorge können ein sensibles Kind krank machen.

Indem wir unserem Kind jedoch Liebe, Heilung und positive Gedanken senden, umgeben wir es mit einer schützenden, heiteren Kraft. Wenn wir außerdem seinen Schutzengel bitten, es zu beschützen, kann er mit Hilfe unserer Liebesenergie eine intensivere Verbindung zu dem Kind herstellen.

Das können wir natürlich für jeden Menschen tun, für einen Freund ebenso wie für einen Fremden. Liebe ist die Energie, die die Herzen anderer Menschen öffnet, und wir können sie mit unseren Gedanken zu jedem Lebewesen lenken, das ihrer bedarf. Wenn wir unseren Mitmenschen reine Strahlen der Liebe senden, können sich mächtige Engelkräfte einschalten, um wahre Wunder geschehen zu lassen. Noch wirkungsvoller ist es, wenn wir die Engel auffordern, uns selbst zu helfen.

Hören Sie auf Ihre Intuition, und senden Sie all jenen Menschen Liebe, die Not leiden, die in Gefahr sind und die Schmerzen oder Kummer haben. Wenn Sie an einem Krankenhaus vorbeikommen, dann bitten Sie die heilenden Engel um Hilfe für die leidenden Menschen im Kampf gegen ihre Krankheit. Durch Ihre liebevolle Fürsprache können die Engel eher Zugang zu ihnen bekommen und sie wirkungsvoller heilen.

Engel heilen selbstverständlich auch Tiere. Wenn Sie sehen, daß ein Tier in Not ist, bitten Sie einen Engel, ihm zu helfen. Das wird seine Genesung beschleunigen.

Wenn Sie an ein Kriegsgebiet denken, konzentrieren Sie sich nicht auf die schrecklichen Dinge, die dort geschehen. Das verstärkt nur die Energie der Finsternis. Stellen Sie sich statt dessen vor, daß strahlend weißes Licht dieses Gebiet förmlich erleuchtet. Bitten Sie die Engel, den Menschen dort zu helfen, und Ihre Gebete werden zu Lichtbrücken für die heilenden Engel. Wenn wir durch Radio, Zeitung oder Fernsehen schlimme Nachrichten erfahren, können wir einen Augenblick innehalten und Licht in das betroffene Gebiet senden. Das hilft den notleidenden Menschen mehr, als wir uns vorstellen können. Die Liebe und das Licht, die wir aussenden, können Katastrophen abwenden und wunderbare Heilungen bewirken. Jeder von uns erfüllt eine wichtige Rolle auf dem Planeten. Sie glauben vielleicht, Ihr geringer Beitrag sei unbedeutend, aber ich kann Ihnen versichern: Wenn er sich mit den Gebeten und der Liebesenergie anderer Menschen vereinigt, entsteht daraus eine gewaltige Lichtwelle, die überwältigende Veränderungen zur Heilung von Menschen und Orten bewirken kann.

Das Böse – oder anders ausgedrückt: das entsetzliche Gefühl, von Gott getrennt zu sein – fürchtet das Licht. Wenn wir Lichtwellen in die Köpfe «böser» Menschen und Führer senden, denen persönliche Macht wichtiger ist als das Wohlergehen ihrer Mitmenschen, wird sich das Bedürfnis, andere zu beherrschen und zu mißbrauchen, allmählich auflösen, und es kann wieder Frieden einkehren.

Wenn wir anderen liebevolle Gedanken senden,
bauen wir Lichtbrücken für Engel.

Engel-Meditation 1 (Seite 135)

5

Harmonie und innere Stärke erlangen

Während ich meinen Kurs «Heilen und die Entwicklung übersinnlicher Fähigkeiten» vorbereitete und noch überlegte, ob ich meine Schwingung stabil auf so hoher Ebene halten könnte, daß die Engel sich nähern würden, erschien erneut mein engelhafter Lehrer.

Er erklärte mir, daß Engel mit einem goldenen Strahl arbeiten, und ich erinnerte mich, daß ich die heilenden Engel tatsächlich stets in einem weißlich-goldenen Licht wahrgenommen hatte. Sie hatten dieselbe Farbe wie das engelhafte Wesen, das mir damals aus meiner tiefen Krise herausgeholfen hatte, und waren etwa zwei Meter groß.

Mein Lehrer sprach weiter: «Gold ist die Farbe der Weisheit und der bedingungslosen Liebe. Wenn du mit diesen Engeln heilst, arbeitest du mit goldener Energie.

Engelenergie ist so warm wie Sonnenlicht, und dir wird nie kalt sein, wenn ein Engel in deiner Nähe ist.» Er fügte hinzu, daß Engel uns zu Diensten stehen und daß man selbst zu einem Diener an der Menschheit wird, wenn man mit der Engelenergie arbeitet.

Im Kurs gingen wir also in die stille Meditation und stellten uns vor, wie wir das Zimmer mit goldenem Licht erfüllten, bis wir sicher spürten, daß wir uns in einem stabilen goldenen Raum befanden.

Vor Kursbeginn hatten mir die Engel die Anweisung gegeben, ich solle alle Teilnehmer darum bitten, ihre eigene Aura mit den Händen zu streicheln. Auf unsere Aufforderung hin wollten die Engel hierauf selbst unsere Aura streicheln, damit wir am eigenen Körper spüren konnten, wie ihre heilenden Strahlen der Liebe auf unsere Energie wirken. Nach diesem Erlebnis würden wir uns niemals wieder hilflos oder ängstlich fühlen, denn wir hätten die Gewißheit, daß Engel nur darauf warteten, uns zu Hilfe zu eilen.

Also bat ich jeden meiner Schüler, seine Aura zunächst mit den Händen zu erfühlen und sie dann zu streicheln. Wir gehen dabei so vor, daß wir unsere Hände langsam unserem Körper nähern, bis wir einen leichten Widerstand oder ein Prickeln in den Händen spüren. Hier beginnt das Energiefeld unserer Aura. Behutsam beginnen wir nun, es mit unseren Händen langsam von oben nach unten zu streicheln. Mit dieser praktischen Methode gleichen wir alle Löcher in unserem Energiemantel aus und sind dadurch geschützter. Die meisten Menschen erleben dies als beruhigend und wohltuend.

Was genau ist nun unsere Aura? Man kann sie sich als einen elektromagnetischen Schutzschild vorstellen, der in enger Wechselwirkung mit unseren Gedanken steht. Wenn diese vage, unkontrolliert und sprunghaft sind, ist das ein Hinweis dafür, daß wir eine schwache Aura haben, die uns nicht mehr gegen die Wirkung fremder Gedanken schützt.

Starke, positive und liebevolle Gedanken sorgen für einen stabilen, schützenden Energiemantel, während negative Gedanken regelrechte Löcher in der Aura entstehen lassen. Unter Schockeinwirkung kann sie sich sogar ganz auflösen, so daß wir sehr anfällig für negative äußere Kräfte werden. Die meisten von uns kennen Bilder von Heiligen, auf denen sie mit Heiligenschein oder einer goldenen Aura abgebildet sind, die ihre Körper in einem überirdischen Licht erstrahlen lassen. Hellsichtige Menschen erkennen dieses goldene Licht als die Energie ihrer reinen, spirituellen Gedanken.

Viele Kursteilnehmer nahmen nach unserer Meditation atemlos vor Staunen einen Kreis von Engeln rings im Raum wahr, die sich auf unsere Bitte hin eingefunden hatten und jetzt nur darauf warteten, uns den Segen ihrer Gegenwart spüren zu lassen. Alle Kursteilnehmer luden voller Vertrauen einen Engel ein, ihre Aura zu streicheln. Das war eine sehr eindrucksvolle Erfahrung, und mehrere Leute brachen in Tränen aus, denn sie hatten niemals in ihrem Leben eine solche Freude empfunden.

Eine Kursteilnehmerin berichtete uns von ihrem zauberhaften Erlebnis. Sie hatte den ganzen Tag lang unter rasenden Kopfschmerzen gelitten und sich verzweifelt gewünscht, ein Engel möge zu ihr kommen und ihre Kopfschmerzen lindern, indem er ihre Aura streichelte. Aber keiner trat zu ihr. Statt dessen zog ein lächelnder Cherub über ihr seine Kreise. Er war absolut entzückend, schien jedoch nicht auf ihre Bitten zu reagieren, sondern sauste weiter um ihren Kopf.

Immer wieder forderte sie ihn auf: «Streichle meine Aura», aber er lächelte nur und zog über ihr durch die Luft. Je enttäuschter sie wurde, desto heiterer lächelte der Cherub. Als er am Ende der Übung aber winkte und sie verließ, waren die Kopfschmerzen verschwunden.

An diesem Kurs nahmen mehrere erfahrene Heiler teil, die ich bat, alle Vorurteile über Bord zu werfen, ihren Geist von bestimmten Vorstellungen und Konzepten zu befreien und ihre Hände auf die Aura der Person zu legen, die sie heilen wollten. Auf die Weise konnten die Engel durch ihre Hände wirken. Die meisten von ihnen waren verblüfft, denn sie spürten deutlich, wie die Kraft der Engel sie durchströmte.

Etwas Ähnliches geschieht, wenn wir uns als Kanal für die heilende, kosmische Lebensenergie öffnen. Je gründlicher wir unseren Geist gereinigt und von Ballast befreit haben, desto mehr göttliche Energie durchströmt uns. Das Heilen mit Engelenergie ist ein vergleichbarer Prozeß, fühlt sich aber ganz anders an, da man deutlich ihre unbeschreiblich sanfte «goldene» Qualität wahrnimmt.

Eine der Teilnehmerinnen schrieb mir nach dem Kurs folgendes:

Als Sie uns in Ihrem Workshop auf die Gegenwart der Engel einstimmten, konnte ich tatsächlich eine sehr leichte, aber kraftvolle Energie spüren. Besonders eindrucksvoll fand ich die Erfahrung, mit den Engeln und der Dame, die ich heilte, zur Quelle der Heilung hinaufgetragen zu werden und um heilende Energie zu bitten. Seither bitte ich die Engel jeden Tag, zu mir zu kommen. Auch wenn ich sie nicht sehe, fühle ich doch immer ihre warme, liebevolle Gegenwart, und sie haben mir schon über manche harten Zeiten hinweggeholfen! Als ich sie um Beistand für eine Sitzung bei Ihnen bat, erschienen sie und vollbrachten eine ganz wundersame Heilung, glaube ich!

Engel heilen auf sanfte, liebevolle Art.

Engel-Meditation 1, 2, 4, 5, 6, 7 und 8
(Seite 135, 136, 138, 139, 140, 141, 142)

6

Die Kraft zu vergeben und zu verzeihen

Lynda Davis lernte ich auf einem meiner Workshops zum «Heilen mit Engeln» kennen. Sie fiel mir sofort auf, denn sie strahlte förmlich vor Wärme und Glück. Im Verlauf des Workshops erzählte sie ihre Geschichte: Mit dreizehn Jahren war sie vergewaltigt worden. Die Ehe, die sie einging, scheiterte, und in der Beziehung, die sich daran anschloß, wurde sie fortwährend ausgenutzt und beleidigt, bis diese ebenfalls in die Brüche ging. Die Erinnerungen an diese leidvollen Erfahrungen schmerzten sie sehr; zu einer Therapie konnte sie sich jedoch lange Zeit nicht entschließen.

Endlich wurde ihr klar, daß sie vor der Wahl stand, entweder weiterhin mit dem Schmerz und den Verletzungen zu leben oder aber einen Weg zu finden, sie loszulassen und ihren Peinigern zu verzeihen, um wieder ein normales Leben führen zu können.

So entschloß sie sich zu einer Rebirthing-Therapie, einer besonderen Form der Atemtherapie, weil ihr diese Methode nicht so intellektuell und verstandesbetont erschien wie die meisten anderen Therapien. Bei der Arbeit mit dem Rebirthing-Therapeuten merkte sie bald, daß man tatsächlich alle Verletzungen heilen konnte – wie schmerzvoll sie auch sein mochten. Über ihre Erfahrungen berichtet sie folgendes:

Nachdem ich mich entschlossen hatte, meine Verletzungen ein für allemal loszulassen, bekam ich sehr heftige Schmerzen in der Herz-

gegend, die ich auf eine Magenverstimmung zurückführte. Als ich während einer der nächsten Rebirthing-Sitzungen die gewohnten Atemübungen durchführte, hörte und spürte ich plötzlich Flügel direkt über mir. Alles wurde sehr still, und mit meinem geistigen Auge sah ich ausladende, weiße Flügel, die sich um meinen Körper legten. Ich fühlte mich völlig von ihnen umfangen und geborgen, und dann sah ich das Gesicht eines Mannes, der auf mich herabsah. Er sah fast aus wie die Engel in Wim Wenders' Film «Ein Engel über Berlin» – grimmig, stark und trotzdem ganz, ganz sanft.

Der Engel sagte, mein Herz sei seit langer Zeit gebrochen, und er werde es heilen. Ich empfand ein warmes Gefühl in meinem Herzen – eine gewaltige Energie und gleichzeitig ein Gefühl von Frieden und die Gewißheit, daß alles in Ordnung war und ich mich in Sicherheit befand. Am Ende der Sitzung war der Schmerz verschwunden, und ich kann heute viel unbeschwerter und ohne Qualen über die Vergewaltigung sprechen.

Ich bin eigentlich ein recht verstandesorientierter Mensch, aber seit dieser Sitzung benutze ich Engelkarten und fühle mich sehr beschützt und umsorgt – das ist für mich etwas ganz Neues.

Wenn wir den Engeln unsere Wünsche mitteilen und für alle Möglichkeiten offen sind, geschehen Wunder. Annie Rossiter erzählte mir bewegt, was ihr nach einem Workshop widerfuhr.

Ich nahm an einem Ihrer Workshops teil. Mein Vater hatte mich als Kind mißbraucht, und ich fragte mich oft voller Scham und Trauer, weshalb ich mir gerade diese Eltern ausgesucht hatte. Dabei merkte ich, was für eine ungeheure Wut sich in meinem Herzen angestaut hatte.

Sie, Diana, haben mir dabei geholfen, die Wut loszulassen. Schon das allein war eine verblüffende Erfahrung. Ich kam sehr aufgewühlt und im positiven Sinn erschüttert nach Hause. Ich mußte einfach meditieren, um ganz zur Ruhe zu kommen. Denn nachdem ich die Wut rausgelassen hatte, fühlte ich eine große Leere in mir. Obwohl Sie mich Liebe hatten einatmen lassen, sah es grau und öde in mir aus.

Ich legte mich auf mein Bett und wurde ganz ruhig. Und plötzlich vernahm ich ein Geräusch, ganz leise, wie das Rascheln von Federn.

Da sah ich im Geist strahlende Engel mit wunderschönen weißen Flügeln und spürte, wie mich ihre Liebe ganz erfüllte.

Dieses Erlebnis hatte eine tiefgreifende Wirkung auf mich. Die Wut ist ganz verschwunden. Früher warf ich meinem Vater vor, er habe mein Leben zerstört. Damit ist jetzt Schluß.

Engel erfüllen unser Herz mit Liebe und der Kraft zu vergeben.

Engel-Meditationen 1 und 2 (Seite 135, 136)

7

Kinderaugen erschauen die Engelwelt

Kinder kommunizieren oft mit der jenseitigen Welt und können sich auch häufig an frühere Leben erinnern, bevor die schwere Schwingung der Erde ihre ursprüngliche Verbindung zur himmlischen Sphäre unterbricht und meist für immer zerstört. Eine Mutter berichtete, ihre dreijährige Tochter habe eines Tages zu ihr gesagt: «Weißt du, Mami, es ist witzig, daß meine Beine jetzt so aussehen. Früher waren sie nämlich braun.»

Viele Kinder, besonders die, die keine Geschwister haben oder sich einsam fühlen, spielen mit unsichtbaren Freunden. Diese Freunde, die Erwachsene nicht sehen können, existieren tatsächlich, und sie sind nur für Kinder sichtbar, die mit ihren irdischen Augen noch spirituelle Reiche sehen können. Die Unsichtbaren sind natürlich Kinder aus der jenseitigen Welt. Kinder sind auch offen dafür, Feen und Engel zu sehen. Bei einem Kind ist die rechte Gehirnhälfte noch voll entwickelt, die uns für solche Erfahrungen empfänglich macht. Wenn ihr Potential voll ausgeschöpft wird, sind auch wir Erwachsenen intuitiver und offener für übersinnliche Erfahrungen.

Die rechte Gehirnhälfte beeinflußt unter anderem unsere Gesundheit, unsere spirituelle Entwicklung sowie kreatives und künstlerisches Arbeiten. In unserer Kultur geben wir leider logischem Denken und nüchterner Berechnung nur zu oft den Vorzug, wobei Wettbewerbsdenken und materieller Erfolg im Vordergrund stehen. Wenn unsere Kinder mit sechs Jahren in solch ein Erziehungssystem gepreßt werden, verkümmern ihre natürliche Intuition, ihre Kreativität und ihre Vorstellungskraft zwangsläufig. Im Alter zwischen sechs und zehn Jahren hören deshalb die meisten Kinder auf, mit Geistkindern, Feen und Engeln zu kommunizieren.

Es wird den Planeten Erde transformieren, wenn wir beide Gehirnhälften gleichermaßen entwickeln. Die Menschheit wird dann auf ein viel größeres Potential zurückgreifen und auf einer höheren Bewußtseinsebene leben können. Jeanne Slade erzählte mir mit ihrem reizenden, singenden Waliser Dialekt ihre Geschichte. Wie so viele Menschen keltischer Herkunft hat sie übersinnliche Fähigkeiten, und das schon, solange sie denken kann. Als ältestes von vier Kindern kam sie in einem kleinen Haus mitten in Wales zur Welt. Das Häuschen, in dem sie aufwuchs, hatte die Nummer 33. Nun hat jede Hausnummer eine besondere Schwingung, die sich in nicht zu unterschätzender Weise auf die Bewohner des Hauses auswirkt. Jeanne sagte, die Zahl 11 fördere im besonderen Intuition, Hellsichtigkeit und übersinnliche Fähigkeiten. Ein Haus mit der Nummer 22 schenkt seinen Bewohnern ein unbegrenztes geistiges Potential, und eines mit der Nummer 33 bedeutet, daß praktisch alles möglich ist!

Als verträumtes Kind mit übersinnlichen Fähigkeiten konnte Jeanne Engel nicht nur sehen, sondern hielt auch Zwiesprache mit ihnen. Ihre Mutter zeigte dafür kein Verständnis und schickte sie oft auf ihr Zimmer, wo sie dann lange Zeit für sich allein war. Als sie ihrer Großmutter von den Engeln erzählte, befahl diese ihr, sie nicht anzulügen! Für Jeanne war es sehr verwirrend, daß man ihre Erfahrungen als Phantasterei abtat. Trotzdem fand sie weiterhin Trost in der Gegenwart ihres Schutzengels. Als sie sieben Jahre alt war, wurde das ruhige, sensible Kind von einem Schullehrer mißbraucht. Wie das bei Kindern häufig vorkommt, dachte sie, es sei ihre Schuld – sie müsse wohl ein böses Kind sein, daß ihr so etwas zustieß! So erzählte sie niemandem davon. Seit dieser Zeit hat sie ihren Schutzengel nie mehr gesehen. Der traumatische Schmerz über den Mißbrauch war so groß, daß sie die Erinnerung daran verdrängte; er löschte auch das Bild der Engel aus ihrem Gedächtnis.

Während einer Therapie brachen dann alle Erinnerungen an den Mißbrauch massiv über die inzwischen erwachsene Jeanne herein. Sie stillte den Schmerz auf die einzig mögliche Art und Weise: indem sie dem Täter aufrichtig verzieh. In diesem ergreifenden Moment der Vergebung rief sie unter Tränen: «O, ich kann meinen Engel wieder sehen!» Ihr wurde klar, daß sie sich als Kind für böse gehalten und sich selbst die Schuld an dem Mißbrauch gegeben hatte. Sie glaubte, keinen Schutzengel zu verdienen, und konnte ihn demzufolge nicht mehr sehen.

Jeannes Tochter, einer praktizierenden Hellseherin, gelang es, mit Jeannes bereits verstorbener Großmutter Kontakt aufzunehmen. Diese erzählte, sie hätte einen Geistführer geschickt, der Jeanne bei der Heilung helfen solle, weil sie sich an deren Schmerz so schuldig fühlte.

Dabei stellte sich heraus, daß auch Jeannes Großmutter übersinnliche Fähigkeiten gehabt hatte. Sie sagte der kleinen Jeanne, sie solle keine Lügen über Engel erzählen, obwohl sie sie selbst sehen konnte!

Vermutlich glaubte die Großmutter zu ihren Lebzeiten, sie würde dem Kind dabei helfen, sich in die «normale» Gesellschaft einzufügen, wenn sie die Existenz von Engeln bestritt. Aus der höheren Sicht der spirituellen Reiche wurde ihr klar, welchen Schaden sie damit angerichtet hatte, und sie versuchte, ihren Fehler wiedergutzumachen.

Obwohl Jeanne seit dem Mißbrauch für die wunderbare Gegenwart der Engel verschlossen gewesen war, konnte sie jetzt wieder ihre gewaltige Liebe spüren und erleben.

Wenn ich solche Erzählungen aus der Kindheit höre, muß ich oft an das Märchen *Des Kaisers neue Kleider* denken. Darin machten zwei Schurken den Höflingen des Kaisers weis, sie webten magische Stoffe. Ehrliche und ihres Amtes würdige Menschen könnten das prachtvolle Material sehen, für dumme und unehrliche Leute aber sei es unsichtbar, behaupteten sie. Keiner von den Bediensteten am Hof wollte zugeben, daß er die teuren Kleider nicht sehen konnte, für die man Maß nahm.

Selbst der Kaiser beteuerte, seine neuen Kleider wären wunderschön, weil er dachte, jeder würde ihn für dumm und unehrlich halten, wenn er zugab, daß er sie nicht sehen konnte. Also ging er ohne Kleider durch die Straßen seiner Stadt, und alle Leute taten so, als bewunderten sie die wundervollen Stoffe, um nicht für dumm und unehrlich gehalten zu werden. Nur ein Kind rief: «Der Kaiser hat ja gar nichts an!»

Wo viele Erwachsene
– aus Angst, sich lächerlich zu machen –
abstreiten, daß sie einen Engel sehen können,
da wird ein Kind in seiner Unschuld
die Wahrheit verkünden.

Engel-Meditationen 1, 2, 8, und 9
(Seite 135, 136, 142, 143)

8

Ruhe und inneren Frieden finden

Ich hatte niemals von Friedensengeln gehört, aber als ich sie sah, wußte ich sofort, wer sie waren. Sie waren größer als die heilenden Engel und hatten eine andere Farbe. Diese wunderschönen, lichterfüllten Wesen waren cremeweiß und hatten ausladende, weiche Flügel. Ich kann sie nicht anders beschreiben: Sie waren einfach flauschig und strahlten eine unglaubliche Ruhe und Wärme aus.

Ein paar Tage, nachdem ich diesen Engeln erstmals begegnet war, veranstaltete ich einen Kurs über inneren Frieden. Vermutlich erschienen sie mir aus diesem Grund. Bei einem Kursteilnehmer, einem sehr angenehmen Mann, der in der Stadt arbeitete, war ich mir sicher, daß er an diesem Workshop teilnahm, um sich vom Streß zu erholen, und sicher keine Ahnung von höheren spirituellen Reichen hatte. Während einer Übung bemerkte ich, daß einer der Friedensengel sich hinter ihn gestellt hatte und seinen Solarplexus mit seinen Flügeln umfing. Einen Augenblick lang zögerte ich, ihn darauf aufmerksam zu machen. Ich wollte ihn auf keinen Fall erschrecken, andererseits sollte er aber auch nicht eine wunderbare Gelegenheit verpassen, die vielleicht von Bedeutung für ihn war. Also gab ich ihm zu verstehen, ein Friedensengel habe seine Flügel um ihn gelegt, und wenn er sich zurücklehnen wolle, werde der Engel ihn mit seinen weichen Schwingen umarmen. Dies tat er ohne zu zögern, und berichtete mir später, es sei ein inspirierendes, beglückendes Erlebnis gewesen.

Ich hoffe sehr, daß er den Frieden mit in die Stadt genommen hat.

Ein paar Monate später plante ich wieder einen Wochenendkurs zum Thema «Innerer Friede». Während ich im Schwimmbad meine Bahnen schwamm, dachte ich über den Kurs nach. Ich muß geistig völlig entspannt und aufnahmefähig gewesen sein, denn plötzlich hörte ich eine Stimme sagen:

«Wir möchten, daß du den Menschen, die sich am Wochenende zu deinem Kurs einfinden werden, eine wichtige Botschaft überbringst. *Der Friede muß sich ausbreiten, und das kann nur durch Menschen geschehen, die bereit sind, auf ihren Machtkampf mit anderen zu verzichten. Frieden bedeutet, sich dem Geist Gottes zu ergeben und nicht ständig beweisen zu müssen, daß man besser als andere ist.*

Ermutige alle Teilnehmer dazu, in einem Winkel ihrer Wohnung eine Friedensecke einzurichten. Sie muß nicht unbedingt durch Kerzen, Kristalle oder Rituale geweiht sein, aber ihr solltet dort nur friedvolle Gedanken hegen. Sie braucht auch nicht viel Platz einzunehmen; ein einziger Stuhl im Haus ist groß genug. Aber wenn ihr den Ort ausgesucht habt, betretet ihn nur mit liebevollen und friedlichen Gedanken. Diese kleine Ecke ist wie eine Eichel des Friedens. Sie wird sprießen und erst zu einem jungen Baum, dann zu einer riesigen Eiche heranwachsen, die euer Zuhause mit Frieden erfüllt und beschützt.

Beginnt damit zunächst in eurem Heim, um später nach und nach weitere Friedenseicheln an anderen Stellen einzupflanzen. Wählt die Orte des Friedens gemeinsam mit anderen gleichgesinnten Seelen aus. Eine Telefonzelle der Hauptstraße kann dazu ebenso geeignet sein wie irgendein anderer Winkel eurer Stadt. Wenn ihr alle diesen kleinen Raum mit friedvollen Gedanken betretet, wann immer ihr in der Nähe seid – mag es auch nur für ein paar Momente sein –, bepflanzt und hegt ihr einen Platz des Friedens.

Gerade Bäume sind häufig Ankerplätze für den Frieden auf der Erde. Wenn ihr euch sammelt und ruhig fühlt und an solch einem Baum vorbeikommt, sendet ihm beim Ausatmen Frieden und atmet eurerseits seinen Frieden tief in eure Lungen ein. Damit verstärkt ihr die Friedensenergie auf dem Planeten und werdet selbst zu Ankerplätzen des Friedens – zu einem Menschen, der Frieden ausstrahlt.»

Ein spirituelles Gesetz besagt, daß das, worauf wir unsere ganze Aufmerksamkeit richten, wächst und mächtiger wird. Der Friedensengel schärfte mir ein:

Konzentriere dich auf den Frieden,
dann zerstreut sich die Furcht.
Konzentriere dich auf die Liebe,
dann verschwindet der Haß.
Konzentriere dich auf die Freude,
dann verflüchtigt sich der Kummer.
Pflanze Blumen an,
dann macht sich kein Unkraut breit.

Engel-Meditationen 1, 2, 4 und 5
(Seite 135, 136, 138 und 139)

9

Erlösung von Schuld

Eine Botschaft der Engel, die den Frieden bringen, lautete: «Du kannst nicht in Frieden leben, solange du irgend jemandem oder irgend etwas erlaubst, Macht über dich zu haben. Wenn jemand oder etwas so starken Einfluß auf dich hat, daß sich dies auf deine Gedanken und Gefühle auswirkt, kannst du nicht in Frieden leben.»

Mit einer stabilen, unversehrten Aura sind wir absolut geschützt, und es kann uns niemand beeinflussen. Ist unsere Aura aufgrund unserer negativen Gedanken an irgendeiner Stelle beschädigt, sind wir verletzlich und nicht in der Lage, tiefen Frieden zu empfinden. Eine Aura, die wir durch unsere eigenen starken, positiven Gedanken stabilisiert haben, ist undurchdringlich und gibt uns das Gefühl von Sicherheit.

Wenn wir die Engel darum bitten, unsere Aura zu streicheln, eilen sie sofort herbei, um mit ihren heilenden Händen unsere Aura zu stärken und zu stabilisieren, so daß sie wie ein Schutzschild alle negativen Energien von uns abwehrt.

Unsere himmlischen Helfer versichern mir immer wieder, daß sie nur darauf warten, helfen zu dürfen. Aber wir müssen sie darum bitten! Wir können sie sogar auffordern, anderen Menschen zu helfen, und sie werden gerne dazu bereit sein. Es ist unmöglich, daß unsere Hilferufe ohne Antwort bleiben. Wenn auf der Straße ein Martinshorn ertönt, bitten Sie die Engel um ihren liebevollen Beistand für die Person in Not. Sie können sicher sein, daß Sie damit starke positive Kräfte in Gang setzen.

Friedensengel pflegen mich an die Heilung eines Klienten zu erinnern, den ich hier George nennen will. George war ein sehr liebenswürdiger Mensch, spirituell gesinnt und voller gütiger Absichten, aber in seinem Innern herrschte ständig Aufruhr. Er litt unter dem Gefühl der Hilflosigkeit, und es hatte sich eine dichte Wolke von Ärger und Wut in ihm angestaut. Negative Emotionen fügen jedoch unserer Aura schwere Verletzungen zu, und genau dies war bei George geschehen: Seine Aura wies so viele Löcher auf, daß sie praktisch durchlässig war. Als Folge davon litt George unter ständigem Energiemangel und erkrankte schließlich. Er suchte nach der Ursache des Problems.

Während einer Sitzung vertraute er mir voller Scham an, daß er in einem früheren Leben unter den Qualen einer bestialischen Folter sein Volk verraten hatte. Als ich die Augen schloß und George mit meinem geistigen Auge visualisierte, sah ich erstaunt, daß Hunderte von Schläuchen an seinem Solarplexus befestigt waren. Als ich einem dieser Schläuche bis zu seinem Ursprung folgte, erkannte ich am anderen Ende eine in Dunkelheit gehüllte Menschenmenge. Die finstere Energie war das Resultat der Furcht und der Wut jener Menschen, die George verraten hatte. Noch immer war jeder von ihnen durch einen Schlauch mit ihm verbunden, und selbst jetzt noch wälzten sich ihre Furcht und ihre Wut durch den Schlauch wie Schlamm durch ein Rohr.

Wäre seine Aura stark und unversehrt gewesen, hätte sie ihn natürlich vor dem Eindringen der negativen Energien schützen können, aber seine Schuldgefühle und seine Wut öffneten ihnen den Zugang. Unabhängig davon, ob die Menschen, die George verraten hat, bereits ein neues Leben auf der Erde führten, waren die Verbindungen zwischen ihnen und ihrem Verräter immer noch aktiv. Da diese verhängnisvollen Schläuche seine Aura durchbohrten und ihn immer wieder mit seiner Schuld konfrontierten, konnte er keinen Frieden finden und war äußerst anfällig für negative Einflüsse.

Die Engel erklärten mir: «Du weißt, daß wir Engel sehnlichst darauf warten, helfen zu dürfen. In der Woche bevor George dich um Rat fragte, spürte er genau, welche Bedeutung die Sitzung für sein Leben haben würde, aber er kannte nicht den Grund: Du hast uns – Engel des Lichts – zu Hilfe gerufen.

Als du uns das erstemal um Gnade für George batest, hast du gewaltige Räder in seinem Leben in Gang gesetzt – und sie mit spirituellem Balsam geölt. Wie sehr wir Engel uns darüber freuen, um Hilfe gebeten zu werden, hast du ja bei seiner Heilung gesehen. Nachdem du George auf die Begegnung mit uns vorbereitet hattest, konnten wir alle Schläuche lösen und die Seelen jener Menschen, die er verraten hatte, befreien, trösten und mit Licht erfüllen.» Die Engel versicherten mir, daß sie auf dieselbe Weise alle Menschen heilen würden, die sie darum bitten.

Wenn für jemanden die Todesstunde gekommen ist, weisen ihm Engel den Weg zur nächsten Etappe seiner Reise. Unsere Gebete stellen dabei eine große Hilfe dar. Es kommt vor, daß Seelen an die diesseitige Welt verhaftet bleiben, weil sie entweder zu sehr an den materiellen Dingen hängen oder durch negative Emotionen wie Begierde, Habgier oder Ärger an diesen Planeten gebunden sind. Die Engel bemühen sich zwar darum, auch diesen Seelen bei ihrem Übertritt in die spirituellen Reiche zu helfen, aber oft brauchen sie unsere Unterstützung dazu. Inständige Gebete für solche Seelen schätzt das Universum ganz besonders. Indem die Engel die Seelen, die an George gekettet waren, befreiten, bewirkten sie, daß sie stärker, gesünder und glücklicher werden konnten.

Viele von uns beschweren sich ständig darüber, daß sie dies und jenes nicht haben können und anderes wiederum nicht haben wollen. Das spirituelle Gesetz lautet: «Wohin die Aufmerksamkeit gelenkt wird, da fließt auch Energie.» Wenn wir uns also ständig beklagen und murren, werden wir mit noch mehr unerwünschten Dingen konfrontiert. Konzentrieren wir uns dagegen auf das, was wir wirklich haben möchten, so erhält es die nötige Energie, um sich in unserem Leben zu verwirklichen. Wenn wir uns immer wieder für das Positive, das Gott uns schenkt, bedanken, dann wachsen diese guten Dinge ins Unermeßliche an. Solange sich Kinder mürrisch und rein automatisch für etwas bedanken oder immer mehr haben wollen, macht es ihren Eltern wenig Freude, ihnen etwas zu schenken. Wenn Kinder aber mit freudestrahlendem Gesicht von ganzem Herzen danke sagen, wollen ihre Eltern ihnen immer mehr geben.

Mit der universellen Energie verhält es sich genauso. Wenn wir uns von Herzen für all die schönen Dinge in unserem Leben bedanken – Freunde, Gesundheit, unsere guten Eigenschaften, die Gaben und Talente, mit denen wir bedacht wurden usw. –, werden die Engel ihr Füllhorn des Überflusses über uns ausschütten.

Dank reinigt und klärt unsere Aura.
Er bedeutet spirituellen Balsam,
der unser Leben ganz automatisch
mit Fülle und Reichtum beschenkt.

Engel-Meditationen 2, 5, 6, 7 und 9
(Seite 136, 139, 140, 141 und 143)

10

Feste feiern mit dem Segen der Engel

Immer da, wo ein Vertrag geschlossen, eine Verbindung einge-gangen oder ein Gelübde abgelegt wird, ist mindestens ein Engel anwesend, um den Augenblick durch seine wunderbare Gegenwart zu segnen. An einer Feier mit «Pomp und Zeremo-nie» nehmen buchstäblich Scharen von Engeln teil. Sie helfen mit, dieses Ereignis zu bekräftigen und seine Gültigkeit vor den ewigen Gesetzen des Universums zu bestätigen. Beim Aus-tausch von Gelübden wird der Vertrag in der Akashachronik aufgezeichnet, eine Art himmlischem Geschichtsbuch, in dem sämtliche Ereignisse im ganzen Universum festgehalten wer-den. Gleichzeitig erscheint ein Engel, der das Projekt über-wachen soll. Bei einer Heirat zum Beispiel wird dem Brautpaar ein Engel zugewiesen, der als flüsternde Stimme des Gewissens und der weisen Führung dafür sorgt, daß die Liebe der beiden Partner allen Krisen und Versuchungen trotzt. Das Schicksal der Ehe ist aber natürlich immer unserem freien Willen unterwor-fen. Wenn es eine reine Zweckheirat war oder keiner der Be-teiligten die Verbindung wirklich mit ganzem Herzen einge-gangen ist, wird sie von Gott nicht als Heirat angesehen, und ihr wird kein Engel zugewiesen. Daher ist es von großer Bedeu-tung, mit welcher Absicht ein Gelübde abgelegt wird.

Bei einer Hochzeitsfeier erschallen die Chöre der Engel, sie jubeln und erfüllen das Paar mit Liebe und himmlischem Ge-lächter. Es gibt natürlich auch Brautpaare, die so aufgeregt und unruhig sind, daß die Energie der Engel sie nicht berührt.

Trotzdem sind die Engelscharen bei der Zeremonie anwesend und warten nur darauf, die Schwingung der Liebenden zu erhöhen, wenn sie es gestatten.

Wenn wir Menschen uns doch ihrer Gegenwart etwas mehr öffnen könnten, wieviel heiterer und lustiger könnte das Leben sein! Wir alle kennen den wunderbaren Zustand des Verliebtseins, in dem wir uns so unbeschreiblich leicht und unbeschwert fühlen; wenn wir verliebt sind, sind wir für die Stimmen der himmlischen Helfer offen, ganz gleich, ob wir sie sehen und spüren können oder nicht. Ihrem Einfluß verdanken Liebende jenes unvergleichliche Gefühl der Freude und Verzauberung, das uns erfüllt. Mit Hilfe der Engel erkennen wir in unserem Partner und in jedem anderen Menschen seine besten Eigenschaften.

Wenn unsere Partnerschaft dagegen in eine Krise gerät, verschließen wir uns den himmlischen Kräften und sind für die Hilfe unserer Engel nicht mehr zugänglich. Dabei warten sie nur darauf, daß wir sie um Hilfe bitten und uns ihrem segensreichen Beistand öffnen.

Auch bei einer Taufe oder einem entsprechenden Ereignis in anderen Religionen umgibt uns die beglückende Präsenz der Engel, und ihr himmlischer Jubel erfüllt das Fest. Die Engel überstrahlen die Feier mit göttlicher Freude und geben dem Kind starke positive Energie mit auf den Lebensweg.

Jeder Markstein auf unserer Erdenreise wird von den Engeln in der Weise gefeiert. Sie kommen zu Geburtstags- und Einweihungsfeiern ebenso wie zu Festen anläßlich eines Jubiläums, einer Beförderung oder eines Stellenwechsels und segnen durch ihre liebevolle Gegenwart auch Weihnachts- und Osterfeste. Engel lieben Feste geradezu! «Feste» meinen allerdings keine Trinkgelage, sondern echte Festlichkeiten, bei denen Menschen zusammenkommen, um sich von Herzen zu erfreuen und Dank zu sagen. Gäbe es Trennungs- oder Scheidungsfeierlichkeiten, würden die Engel sicherlich daran teilnehmen, um uns ihren Segen und ihre schützende Energie mit auf den neuen Weg zu geben. Dann würde unser Leben sicherlich einfacher und fröhlicher verlaufen.

Es ist etwas Wunderbares, wenn wir unseren Geburtstag ehren und uns darüber freuen. Die himmlischen Wesen, die auf unserer Geburtstagsfeier erscheinen, schenken uns positive Energie für das ganze Jahr. Immerhin war es etwas Besonderes, zur Welt zu kommen, und der Geburtstag ist der Jahrestag unserer Ankunft. In der jenseitigen Welt stehen die Seelen Schlange, um sich auf der Erde zu verkörpern, weil dieser Planet so großartige Möglichkeiten zu spirituellem Wachstum bietet. Auf keinem anderen Planeten im Universum können sich Seelen so schnell weiterentwickeln. Wenn wir uns dieser Tatsache vollkommen bewußt sind und uns voller Respekt dazu entschließen, ihr gemäß zu leben, werden wir jeden Augenblick mit Begeisterung und Freude begrüßen. Jeden Morgen werden wir erwartungsvoll die Augen aufschlagen und uns fragen: «Wie kann ich mich heute weiterentwickeln? Was kann ich an diesem Tag dazulernen? An welchen Herausforderungen kann ich mich messen? Welche Ängste kann ich überwinden? Vielen Dank für diese Gelegenheit.»

Früher feierte man alle Übergänge – selbst die Ankunft des Frühlings oder das Einsetzen der Regenfälle – mit rituellen Festen. So gaben auch Aussaat und Ernte Anlaß zu Feierlichkeiten, und der aufgehenden Sonne brachte man einen feierlichen Gruß dar. Bei uns zu Hause veranstalten wir bei Vollmond stets einen Meditationsabend; wir laden die Engel ein teilzunehmen, und sie erhöhen durch ihre machtvolle Gegenwart die Schwingung unserer Energie. Sie lieben die heilige Kraft der Rituale.

Natürlich sind Engel auch bei Beerdigungen anwesend und lassen ihre Jubelchöre erschallen. Für spirituell entwickelte Menschen ist der Moment, da wir unseren physischen Körper verlassen, um durch das Tor ins ewige Licht zu treten, ein Grund zur Freude. Wenn wir für Sterbende beten, lenken die Engel unsere Gebete an die richtige Stelle, um der betreffenden Person bei ihrem Übergang ins jenseitige Reich so gut es geht zu helfen; mit ihrem herrlichen Gesang leisten sie ihrerseits dem Geist des Verstorbenen auf seiner Reise Beistand.

*Die Engel der Feste
sind bei allen Feierlichkeiten
und Übergangszeremonien zugegen.*

Engel–Meditation 1 (Seite 135)

11

Balsam für seelische Wunden

Gerard besaß anscheinend alles im Leben: eine warmherzige, liebevolle Freundin, ein Kind, das er sehr liebte, und mehrere gute Freunde. Er wurde jedoch immer wieder von dunklen Erinnerungen an Kindheitserlebnisse gequält. Eines Tages unternahm er einen Selbstmordversuch. Seine Familie war erschüttert und überredete ihn dazu, sich von mir helfen zu lassen.

Gerard kam tatsächlich zu einer Sitzung, durch die er für sechs Wochen wieder Frieden fand. Dann aber hatte er ein traumatisches Erlebnis, wodurch erneut alte Kindheitserinnerungen in ihm aufstiegen. Er verfiel wiederum in schwere Depressionen, geriet in Panik und vereinbarte einen zweiten Termin mit mir.

Stärker noch als das erste Mal konnte ich bei dieser Sitzung die Anwesenheit von Engeln im Raum spüren und erzählte Gerard davon. Anschließend führte ich ihn in seine Kindheit zurück, und wir luden die Engel ein, ihm bei der Heilung beizustehen.

Da stand er plötzlich in einem lichterfüllten Kreis von Engeln, die reines, weißes Licht in seinen Körper gossen. Das war ein wunderbarer, eindrucksvoller Anblick. Mit dem zauberhaften Licht lösten sie die Verletzungen und den Schmerz des kleinen mißbrauchten Kindes auf, das er immer noch in sich trug. Er begann zu schluchzen, als er die unendliche Liebe und das warme Mitgefühl der Engel spürte. Als die Tränen versiegten, erklärte Gerard bewegt, er fühle sich wunderbar.

Ein andermal führte ich einen jungen Mann in seine Kindheit zurück. Spontan schlüpfte er in ein früheres Leben als Frau, in dem er/sie vergewaltigt worden war. Obwohl er heute im Körper eines Mannes lebte, waren die Erinnerungen und Gefühle noch immer in seinem Unterbewußtsein aktiv und bestimmten sein heutiges Leben.

Wir arbeiteten an den quälenden Gefühlen der Wut und der Scham, die er damals – in jenem Leben als Frau – unterdrückt hatte und die noch erlöst werden mußten. Engel erschienen und nahmen ihn in ihre schützende Mitte. Ich schlug ihm vor, sie um Hilfe zu bitten, und er tat es voller Demut. Die Engel nahmen ihn sehr sanft in ihre Arme, und er spürte, wie sie ihn immer weiter hinauf in höhere Reiche trugen. Dort erfuhr er eine wunderbare Heilung seiner seelischen Wunden.

Ich wußte, daß dieser Mann in einer finanziellen Krise steckte und nur über wenige Mittel verfügte. Als er am Ende der Sitzung bezahlte, erklärte er jedoch tief bewegt: «Diese Reise in den Himmel hinauf war wirklich jeden Pfennig wert.»

Von der unglaublich sanften Heilkraft der Engel wird häufig berichtet. Ein Geschäftsmann zum Beispiel hatte schreckliche Angst vor dem Gefoltertwerden. Oft mußte er geschäftlich Länder bereisen, in denen Menschen gequält wurden, und fühlte sich immer furchtbar bedroht.

Ich führte ihn in ein früheres Leben zurück, in dem er eingesperrt und in schwere Ketten gelegt war, um schließlich zu Tode gefoltert zu werden. Als er diese grauenvolle Erfahrung neu durchlebte, erschien ihm ein Engel und löste seine Ketten. Das wunderbare, mitfühlende Wesen heilte seinen geschundenen Körper und trug ihn *ruhig und zärtlich* mit sich davon. (Das waren seine Worte.) Die Sanftheit, mit der die Engel ihn heilten und von seiner Angst befreiten, berührte ihn tief.

Die Sanftheit und das Mitgefühl der Engel
sind Balsam für unsere Seele.

Engel-Meditationen 1, 2, 5 und 8 (Seite 135, 136, 139 und 142)

12

Erfüllte menschliche Beziehungen schaffen

Engel stehen mit ausgestreckten Armen bereit, uns zu helfen. In Scharen sind sie auf unserem Planeten erschienen und warten nur darauf, daß wir sie herbeirufen. Das einzige Hindernis für ihren liebenden Beistand ist unsere mangelnde Offenheit. Gerade bei Problemen in unseren Beziehungen zu nahestehenden Menschen kann ihr Einsatz wahre Wunder bewirken.

Ann, eine liebenswürdige Klientin, wurde von starken Selbstzweifeln gepeinigt. Sie wußte nicht, wie sie sich in der Beziehung zu ihrem Freund verhalten sollte. Er litt an Depressionen, und ihre Partnerschaft war in eine ernsthafte Krise geraten.

Zu meiner Freude erschienen Engel während unserer Sitzung und deuteten an, daß sie bereit seien, mit ihr zu arbeiten.

Ich beobachtete ergriffen, wie zwei Engel ihre Hände auf Anns Herz legten und die vielen Wunden mit weißem Licht bestrahlten und heilten. Währenddessen entspannte sie sich. Die Engel wandten sich ihrem Solarplexus zu, aus dem sie etwas herauszogen, das aussah wie graue Fusseln oder – so sagte Ann – wie der zusammengebackene Staub in einer Mülltonne. Als die Engel alle grauen Flusen entfernt und sie im Licht aufgelöst hatten, erfüllten sie Anns Solarplexus mit einem herrlichen goldenen Licht und versiegelten ihn.

Ich erhielt daraufhin die Botschaft, Ann solle sich auf eine Anhöhe begeben, von wo aus sie ihr Leben überschauen konnte. Von dort erkannte sie erschüttert, daß ihre Lebensenergie eine rostig-braune Farbe angenommen hatte und ihr Freund über blaßgrüne Schnüre mit ihr verbunden war. Diese Schnüre reichten bis tief in ihre Kehle und ließen sie fast daran ersticken. Wir baten die Engel, Ann aus diesen Fesseln zu lösen, und sie sandten Licht direkt in ihren Ursprung, so daß sie sich unter den himmlischen Strahlen in Nichts auflösten. Das war ein äußerst seltsames Gefühl, wie Ann mir später überwältigt vor Freude und Staunen erzählte. Als alle Schnüre verschwunden waren, erklärte sie, sie fühle sich eigenartig, so als sei da, wo in ihrem Körper die Schnüre gewesen waren, keinerlei Energie mehr vorhanden. Das ist verständlich, denn Ann hatte sich bisher immer bei ihrem Freund und anderen Menschen «eingestöpselt», wenn sie einen Energieschub brauchte. Ich schlug vor, sie solle sich doch diesmal an die wartenden Engel wenden, statt wie früher nach einem Menschen zu suchen, bei dem sie sich mit der notwendigen Energie auffüllen konnte. Als die reine, klare Engelsenergie in sie einströmte, wurde ihr klar, daß sie in keiner ihrer bisherigen Beziehungen mit beiden Beinen im Leben gestanden hatte. Sie war immer abhängig von ihren Partnern gewesen und hatte sich in ihrer Hilflosigkeit an diese angelehnt. Verzagt hatte sie immer geglaubt: «Wenn ich nicht verletzlich bin, bekomme ich keine Liebe.»

Als ich sie bat, die Qualität der Liebe zu spüren, die sie erfahren würde, wenn sie nicht mehr verletzlich und bedürftig wäre, erkannte sie voller Freude, daß ihr eine viel gesündere Liebe und mehr Respekt entgegengebracht würde.

Sie stellte sich vor, wie ihr Leben wohl aussähe, wenn sie sich das momentane Gefühl von Ganzheit bewahren und ihr Leben darauf gründen würde, und zum erstenmal fühlte sie, daß ihr Leben einen Sinn hatte. Sie erlebte sich als mächtig, stark und zuversichtlich.

Die Engel streichelten ihre Aura, um diese Gefühle in ihrem Energiekörper zu speichern, so daß sich die neuen Eigenschaften und Einstellungen verfestigen konnten. Als Ann die Augen öffnete, fühlte sie, daß sie ihr weiteres Leben mit Kraft und Vertrauen bewältigen konnte.

Als Ann einen Monat später zu einer Sitzung kam, erzählte sie mir freudestrahlend, daß sie, seitdem die Engel mit ihr gearbeitet hatten, ein warmes, goldenes Gefühl der Zuversicht in ihrem Solarplexus verspüre. Sie sei bis vor kurzem immer sehr eifersüchtig auf den Freundeskreis ihres Lebensgefährten gewesen − selbst auf seine männlichen Freunde − und habe immer einen Wutanfall bekommen, wenn er sich mit ihnen traf. Nachdem die Engel aber Stärke und Zuversicht fest in ihrem Solarplexus verankert hatten, veränderten sich ihre Gefühle dramatisch.

Einige Tage nach der Heilung durch die Engel rief die ehemalige Freundin ihres Partners an und erklärte, sie vermisse ihn und wolle sich mit ihm treffen. Völlig gelassen und gleichmütig reichte Ann ihm das Telefon und meinte: «Nimm es doch mit in die Küche, dort könnt ihr ungestört reden.» Sie fühlte sich ruhig und entspannt, während ihr Freund mit seiner früheren Partnerin sprach, und ihr neues Vertrauen wurde belohnt. Als er wieder ins Zimmer kam, verkündete er: «Ich habe ihr ein für allemal klargemacht, daß ich eine feste Beziehung habe und mich nicht mit ihr treffen will.»

Engel befreien uns aus Abhängigkeiten
und schenken uns
Freiheit und Unabhängigkeit.

Engel-Meditationen 1, 2, 4, 6 und 7
(Seite 135, 136, 138 und 141)

13

Belastende Beziehungen loslassen

Debbie suchte mich auf, weil sie einen Schock erlitten hatte. Ihre Mutter, der sie sehr nahestand, war als Notfall ins Krankenhaus eingeliefert worden und lag jetzt auf der Intensivstation im Koma. Zwar wollte Debbie lieber an deren Krankenbett sitzen, aber Freunde überredeten sie dazu, ihren Termin bei mir einzuhalten. Einer von ihnen brachte sie fürsorglich mit dem Auto zu meinem Haus und wartete auf sie.

Kaum hatte die Sitzung begonnen, betraten wunderschöne Engel den Raum. Sie wiesen darauf hin, daß Debbie sehr an ihrer Mutter hing und sich von ihr lösen beziehungsweise abnabeln müsse. Nur so könne ihre Mutter frei entscheiden, ob sie ins Leben zurückkommen oder sterben wolle. Natürlich war dies eine niederschmetternde Nachricht für Debbie, aber ihre tiefe spirituelle Einsicht ließ sie erkennen, daß die Engel die Wahrheit sprachen.

Nachdem sie sich entspannt hatte, bat ich sie, sich die Schnüre vorzustellen, die sie an ihre Mutter banden. Fast widerstrebend erkannte sie, daß sie beide in graue Ketten gelegt waren, und wir baten die Engel, diese zu lösen. Die Engel entfernten vorsichtig alle Ketten und befreiten Mutter und Tochter voneinander.

Als der Abnabelungsprozeß beendet war, gewahrte Debbie beglückt, daß ihre Mutter stärker geworden war, und sie selbst fühlte sich voller Kraft und größer, als sei sie gewachsen.

Später berichtete sie mir am Telefon voller Ergriffenheit, daß genau in dem Moment, als die geistige Abnabelung stattfand, das Beatmungsgerät ihrer Mutter abgeschaltet worden war und sie sich im Bett aufgesetzt hatte. Debbie war fest davon überzeugt, daß ihr Entschluß loszulassen entscheidend dazu beigetragen hatte.

Eine Woche später starb ihre Mutter. In der Woche, die ihnen noch blieb, hatten die beiden Gelegenheit, sich richtig voneinander zu verabschieden. Der Dank dafür gebührt sicherlich den Engeln.

Ein paar Tage nach diesem Ereignis suchte mich eine junge Frau auf, die darüber klagte, daß sie sich nicht von ihrer Familie lösen konnte. Ihr Vater, ein Wüterich und Tyrann, erpreßte sie mit der Drohung, sie dürfe nie wieder das Haus betreten, wenn sie von dort ausziehe. Keinem in der Familie war es bis jetzt gelungen, sein eigenes Leben aufzubauen, und die häusliche Atmosphäre war von stiller Wut und Angst geprägt.

Als meine Klientin von ihrem Vater erzählte, wurde ganz deutlich, daß er sich krampfhaft an seine Familie klammerte, weil er panische Angst davor hatte, allein gelassen zu werden. Die junge Frau begriff, daß es nicht sein kluges Erwachsenen-Ich war, das sie erpreßte und bedrohte. Nein, wenn er die Familie tyrannisierte, war er ein verschreckter, kleiner fünfjähriger Junge.

Zum erstenmal wurde ihr bewußt, daß ihr Vater bei dem Gedanken, daß sie ihn verließ, verzweifeln würde, und sie empfand auf einmal Zärtlichkeit und Mitgefühl für ihn. Sie verstand jetzt, wieviel Bestätigung und Liebe er brauchte.

Ich beobachtete, wie ihre Gesichtszüge weicher wurden, als sich ihr Herz für ihren Vater öffnete. Sie begriff nun, daß er sie bereitwillig gehen lassen würde, wenn er merkte, daß sie ihn aus ganzem Herzen liebte, denn er konnte sicher sein, daß sie ihn nicht für immer verlassen würde.

Schließlich ließ ein Engel sie aus der Vogelperspektive auf ihre Familie hinuntersehen. Sie sah viele wütende, fordernde Gesichter, aus denen Furcht und Unsicherheit sprachen. Die ganze Familie war in einer schwarzen, siruppartigen Masse gefangen, aus der sie sich nicht befreien konnte. Der Engel goß goldenes Licht in den klebrigen Brei, der auch die junge Frau festhielt, und befreite meine Klientin nach und nach aus ihrem unangenehmen Gefängnis. Wir baten ihn, auch die übrige Familie aus der zähen Masse zu erlösen, worauf er die schwarze, klebrige Energie sanft entfernte und weiteres goldenes Licht in ihre Körper goß.

Schon nach kurzer Zeit zog der Bruder der jungen Frau von zu Hause aus, und sie selbst fühlte sich jetzt frei, über ihr Leben selbst zu entscheiden.

Engel schenken uns Selbständigkeit
und die Kraft loszulassen.

Engel-Meditationen 1, 6 und 7 (Seite 135, 140 und 141)

14

Konflikte in der Partnerschaft lösen

Serena war eine junge, überaus attraktive Frau. Sie hatte einen liebenswürdigen Mann und zauberhafte Kinder und hätte eigentlich glücklich sein können, doch hinter ihrem strahlenden äußeren Erscheinungsbild verbarg sich ein inneres Chaos. Sie war so wütend auf ihren Mann, von dem sie sich weder finanziell noch emotional unterstützt fühlte, daß sie sich schon seit mehreren Jahren weigerte, mit ihm zu schlafen. Sie überlegte ernsthaft, ob sie so lange mit ihm zölibatär leben sollte, bis die Kinder größer waren, denn sie konnte den Gedanken nicht ertragen, daß er sie berührte. Ich half ihr, sich ihrer blockierenden Verhaltensmuster bewußt zu werden, und sie willigte ein, sich zu entspannen und die Engel um Hilfe zu bitten.

Ihr Vertrauen wurde belohnt: Die Engel erschienen und zeigten mir, daß Serenas Herz von schweren Verletzungen gezeichnet war. Sie streichelten und beruhigten es auf ihre unbeschreiblich sanfte, liebevolle Art, bis die Wunden verheilt waren.

Dann wandten sie sich Serenas Solarplexus zu. Er war wie ein staubiger Keller – bis zum Rand gefüllt mit alten Erinnerungen –, und sie hatten viel zu tun, um das ganze überflüssige, belastende Gerümpel zu beseitigen und in den Strahlen des göttlichen Lichts aufzulösen. Als sie Serenas Solarplexus gereinigt und gesegnet hatten, bat ich sie, sich ihren Mann vorzustellen.

«O, um mich herum ist alles schwarz, und er selbst ist ebenfalls ganz schwarz und rot», rief sie. Die Verbindung der Farben Schwarz und Rot deutet stets auf eine unmittelbar bevorstehende Explosion hin: Serenas Mann war eindeutig am Ende seiner Kräfte und seiner Geduld.

Es kostete die Engel viel Zeit, bis sie Serena und ihren Mann von der ganzen finsteren Wut befreit hatten, die das Leben der beiden belastete, und sie alle Stricke gelöst hatten, die sie aneinander fesselten.

Anschließend teilte mir Serena unter Tränen mit, was sie sah: «Wir halten uns an den Händen, unterstützen uns gegenseitig und tauschen unsere Körperflüssigkeiten aus.» Das erstaunte mich sehr, doch ich fragte die Engel lediglich, ob sie die Ehe der beiden weiterhin beschützen wollten.

Zwei Wochen später kam sie wieder zu einer Sitzung, und ich freute mich darüber, wie dynamisch und strahlend sie aussah. Sie erzählte, daß sie nach der Heilung durch die Engel mit einem ganz anderen Gefühl nach Hause gegangen war und mit ihrem Mann eine leidenschaftliche Nacht verbracht hatte.

Am nächsten Tag verspürte sie zwar wieder ein wenig Wut und Angst, aber das ging vorüber, und jetzt gingen sie und ihr Mann so liebevoll und fürsorglich miteinander um wie noch niemals zuvor in ihrer Ehe und schliefen auch wieder miteinander. Sie erklärte selbstbewußt: «Ich erkenne jetzt ganz deutlich, wie ich mein Leben führen möchte, und habe genaue Vorstellungen davon, wie ich mein Berufsleben gestalten werde, damit mein Mann und ich gemeinsam die Familie ernähren können. Die finanziellen Probleme sind gelöst, und ich fühle mich zum erstenmal in meiner Ehe glücklich und ausgefüllt.» Sie erwähnte noch, daß eine Freundin, die ihre Familie vor vier Monaten besucht hatte, bei einem erneuten Besuch über den Unterschied in ihrer Beziehung völlig verblüfft war. Sie konnte es kaum glauben, daß in so kurzer Zeit so wundersame Veränderungen geschehen können!

Engel beschützen unsere Partnerschaften und lassen uns Erfüllung finden.

Engel-Meditationen 1 und 9 (Seite 135 und 143)

15

Trost finden und
neuen Lebensmut schöpfen

Am Ende eines Seminars, das ich leitete, forderte ich die Teilnehmer auf, in der darauffolgenden Woche nach Engeln Ausschau zu halten, wo und wie auch immer sie in Erscheinung treten mochten. Die Reaktion überwältigte mich. Es zeigte sich, daß die Engel, wenn wir erst einmal bewußt nach ihnen Ausschau halten, zu allen nur denkbaren Zeiten auftauchen. Dabei können sie durchaus materielle Formen annehmen! Eine Teilnehmerin zum Beispiel ging deprimiert dieselbe Straße entlang wie an jedem Tag und blickte zufällig auf. Von oben sah ein steinerner, ganz von Sonnenlicht überfluteter Engel auf sie herab, den sie niemals zuvor wahrgenommen hatte. Und plötzlich verspürte sie Wärme und Geborgenheit.

Eine meiner liebsten Engelgeschichten hörte ich auf einem meiner Workshops. Sie ist wunderbar schlicht. Eileen hatte ihren sterbenden Vater bis zu seinem Tod betreut. Als sie Blumen auf sein Grab legte, war sie sehr traurig und fühlte eine hoffnungslose Leere in sich. Der Friedhof war verlassen, und sie stand eine Zeitlang am Grab und hing Erinnerungen nach.

Als sie sich zum Gehen wandte und sich traurig fragte, wo denn all die helfenden Engel steckten, schien eine Frau aus dem Nichts aufzutauchen und kam direkt auf sie zu. Die Fremde sagte: «Sie kennen mich nicht, aber ich kenne Sie.»

Überrascht fragte Eileen: «Wer sind Sie denn?»

«Angela!» erwiderte die Fremde. Sie verschwand und ließ Eileen verwundert und sehr getröstet zurück. Eileen wußte, daß die Engel sie daran erinnern wollten, daß sie auch jetzt bei ihr waren.

Am Ende eines weiteren, sehr intensiven Heilkurses fühlte sich jeder Teilnehmer von der Engelsenergie, die den Raum fortwährend durchströmt hatte, im tiefsten Inneren berührt und verändert. Als wir uns am Ende der Sitzung die Hände reichten, bemerkte ich, daß hinter allen Teilnehmern ihr Schutzengel stand: Jeder Engel hatte seine Hände auf die Schultern seines Schützlings gelegt, um ihn mit seiner Liebe zu umfangen, zu unterstützen und zu beschützen. Ich bat sie, sich für diese Erfahrung vollständig zu öffnen. Als jeder einzelne genug Zeit gehabt hatte, um das wunderbare Gefühl in sich aufzunehmen, schlug ich allen Anwesenden vor, eine goldene Blase um sich herum zu visualisieren. Anschließend berichtete ein Teilnehmer: «Ich spürte die Hände meines Engels tatsächlich physisch auf meinen Schultern. Als Sie uns aufforderten, eine goldene Blase um uns zu bilden, trat er zurück, um dem Lichtkreis Raum zu geben.»

Engel trösten,
wenn wir uns traurig und mutlos fühlen.

Engel-Meditationen 1, 2 und 8
(Seite 135, 136 und 142)

16

Freude statt Kummer, Vertrauen statt Angst

Eine meiner Klientinnen, eine bildhübsche junge Frau, hatte in ihrem Leben schon eine Menge Verluste erlitten und manche Entbehrungen erlebt, als sie zu mir kam. Ich erzählte ihr von meinem Plan, ein Buch über Engel zu schreiben, woraufhin sie sich spontan dazu entschloß, ihre ergreifenden Erfahrungen während unserer Sitzungen zu schildern.

Das innere Kind heilen

Als ich zu Ihnen kam, war ich sehr verängstigt und frustriert. Ich hatte als Kind oft im Krankenhaus gelegen und wurde von der ständigen Angst gequält, was mir wohl als nächstes zustoßen würde.

Wir arbeiteten mit meinem gepeinigten inneren Kind, um ihm Lebendigkeit und Kraft zu verleihen. Nachdem ich die Dreijährige in mir wieder zum Leben erweckt hatte und sie in meinem Solarplexus zu spüren begann, geschah etwas Wunderbares. Zwei Engel erschienen, um mir zu helfen. Sie zogen einen sehr langen, schwarzen, dicken Strick aus meiner Kehle, der seinen Anfang in meinem Solarplexus hatte. Ich war verblüfft, denn ich konnte tatsächlich spüren, was mit mir geschah.

Dann sahen wir uns ein anderes Ereignis an, etwas, das mir als Sechsjähriger große Angst eingejagt hatte. Die Engel leisteten wieder Beistand. Sie ließen schwarzen Rauch aus meinem Solarplexus abziehen und trugen die rauchgeschwärzte Sechsjährige in mir hinauf zu

Gott. Das war ein so wunderbares Gefühl, daß ich wünschte, es würde nie enden!

Die Sitzung war sehr bewegend, und ich war überglücklich über die viele Hilfe, die ich erfahren hatte. Zu wissen, daß es eine Methode gab, um tiefe seelische Wunden und negative Lebensmuster zu heilen, verlieh mir Kraft und neuen Lebensmut.

Ängste loslassen

Einige Wochen später suchte ich Sie erneut auf. Die Woche davor war furchtbar für mich gewesen, weil Gefühle aus der Vergangenheit in mir aufgestiegen waren, die mich völlig unkontrolliert überfluteten. In erster Linie waren es Verlassenheitsängste – das Gefühl, unerwünscht und ungeliebt zu sein. Jeden Morgen wachte ich sehr früh auf und hatte das grauenhafte Gefühl, als ob es mir das Herz zerreiße. Die Empfindungen waren so heftig und so unangenehm, daß ich mich am liebsten umgebracht hätte, um den Schmerz zu lindern. Ich war mir völlig darüber im klaren, daß es sich um Gefühle aus längst vergangenen Zeiten handelte; doch obwohl ich mehrere Monate an mir gearbeitet hatte, um mich selbst annehmen und lieben zu können, hatte ich ihnen nichts entgegenzusetzen.

Während der Sitzung erblickten Sie mehrere Engel, die einen Krug mit goldener Flüssigkeit trugen. Diese verteilten sie sanft über meine Aura, und wieder staunte ich sehr, denn ich konnte die Energie der Engel tatsächlich spüren.

Anschließend arbeiteten wir mit meinem inneren Kind, und erneut schalteten sich die Engel ein! Sie wollten die Neunjährige in mir in die heilenden Strahlen des kosmischen Lichts emporheben und mich hinauf zu Gott tragen. Sie, Diana, fragten mich, ob ich die Reise antreten wollte, auf der ich eine vollständige Reinigung erfahren würde. Ich hatte Angst davor, stimmte dann aber zu, denn ich war am Ende meiner Kräfte!

Sie baten mich, Licht einzuatmen und alle negativen Emotionen wie Ärger, Schuldgefühle und Eifersucht auszuatmen. Dann stellte sich ein Engel rechts, der andere links neben mich, und beide trugen mich auf ihren Armen hinauf zu Gott. Auf dem Weg ins Licht durchlief ich alle nur denkbaren Zustände der körperlichen Übelkeit, Trauer und Verzweiflung. Als ich die Quelle des Lichts erreichte, kniete ich vor den Herren des Karma, die die Akashachronik verwalten, nieder. Durch ihre Gnade würde sich all mein Elend für immer auflösen. Rechts und links von mir stand ein Engel, und ich blickte in strahlendes weißes Licht. Die Engel legten mir ein weißes Kreuz auf die Stirn und ihre Hände auf mein Herz. An das weiße Kreuz erinnere ich mich besonders deutlich, weil ich seine Wärme und seine Form auf meiner Haut spüren konnte – und in diesem Augenblick waren ganz plötzlich mein Unwohlsein, die Depression und die Verspannung in Schultern und Nacken verschwunden!

Ich sah mich selbst, wie ich mit dem weißen Kreuz auf der Stirn vor den Herren des Karma auf den Knien lag, bis es für mich Zeit war zurückzukehren. Ich wäre am liebsten dort geblieben und hätte dieses wunderbare, außergewöhnliche und heilige Gefühl noch länger ausgekostet, aber es sollte nur ein paar Sekunden anhalten.

Ich war völlig erstaunt angesichts der Intensität meiner Empfindungen! Später erklärten Sie, Sie hätten noch niemals jemanden auf die Art und Weise zur Quelle des Lichts geschickt, und mir stünde eine Menge Hilfe zur Verfügung.

Seit jener Sitzung sind die schrecklichen Verlassenheitsängste nicht mehr aufgetreten, und ich vertraue voll und ganz auf die heilenden Fähigkeiten der Engel.

Depressionen überwinden

Die dritte wunderbare Heilung durch Engel erlebte ich, als eine schwere Depression mir jede Lebensfreude raubte. Sie hielt bereits seit zwei Wochen an, und ich versuchte alles, um mich daraus zu befreien, fiel aber immer wieder in dieses schwarze Loch zurück.

Die Depression nahm mich ganz und gar gefangen und hatte tiefgreifende Auswirkungen auf meine Arbeit, weil ich völlig den Blick für das richtige Maß verloren hatte. An diesem Punkt wußte ich, daß ich aus dieser Finsternis nur noch mit Hilfe der Engel herauskommen konnte. Ich kam zu Ihnen, und tatsächlich eilten die Engel wieder zu Hilfe!

Ich sah mein inneres Kind gefangen in einer schwarzen Schlangengrube. Die Engel entfernten die Schlangen, erfüllten die dunkle Grube in meinem Solarplexus mit den goldenen Strahlen ihrer heilenden Energie und hoben mein inneres Kind ins Licht.

Es schien so einfach, und doch war es unglaublich eindrucksvoll, als die Depression sofort verschwand, und zwar für immer!

Seither stehe ich auf Engel! Ich bitte sie oft um Heilung und Hilfe. Ich habe zwar niemals direkt einen gesehen, aber ich glaube zu spüren, daß mich eine ganze Gruppe von regenbogenfarbenen Engeln ins Licht emporhebt, wobei ich ihre warme Energie deutlich wahrnehmen kann. Sie haben sogar mein Pferd geheilt, als es zu ersticken drohte.

Ich danke Ihnen daher von ganzem Herzen, daß Sie mir den Zugang zur Engelwelt ermöglicht haben!

Sie braucht mich jetzt nicht länger als Vermittlerin, denn sie kann die Engel selbst zur Heilung einladen.

Wenn uns Trauer, Schmerz und Angst
zu überwältigen drohen, stehen die Engel
mit ausgestreckten Armen bereit,
uns zu helfen.

Engel-Meditationen 1, 2, 5 und 8
(Seite 135, 136, 139 und 142)

17

Gesund werden

Ebenso wie es Engel der Heilung gibt, gibt es auch Engel der Freude, der Gelassenheit, der Gnade, des Vertrauens und jeder anderen denkbaren Eigenschaft.

Da sie alle mit unterschiedlichen Energien arbeiten, variiert auch ihr Aussehen. Sie erscheinen in den Farben, die zu ihrer Energie passen, und ihre Gewänder weisen die mannigfaltigsten Stile und Muster auf.

Wenn wir sie mit dem Namen ihrer Eigenschaft ansprechen und sie aus tiefster Seele um etwas bitten, werden sie ebenso wie alle anderen Engel unsere Hilferufe sofort erhören. Je höher unser Bewußtsein entwickelt ist, desto häufiger werden wir um gute Eigenschaften statt um materielle Dinge bitten.

Auf einem meiner Workshops schlug ich den Teilnehmern vor, die Engel um jene guten Eigenschaften zu bitten, die sie sich sehnlichst wünschten. Eine Dame bat die Engel um Schutz, Klarheit, inneren Frieden, Führung und Gesundheit, denn sie litt schon seit Jahren an einer schweren Nervenkrankheit. Wenn wir um etwas bitten, wird es uns gegeben – so lautet ein göttliches Versprechen. Zwei Wochen später erzählte sie mir während einer Sitzung folgendes:

Einige Tage nach dem Workshop traf ich eine Freundin, die mich mit einem Ölfläschchen zum Schutz für meine Aura überraschte. Ich hatte nicht um diese Öle gebeten, doch sie hatte das dringende Gefühl gehabt, sie solle sie für mich zusammenstellen. In dem Fläschchen befanden sich unter anderem Fenchelöl zum Schutz vor Panikattacken und Rosmarinöl für psychischen Schutz und Klarheit. Ich spürte, daß dies eine unmittelbare Reaktion auf meine Bitte um Schutz und Klarheit war. Sofort hatte ich einen viel klareren Kopf.

Tags darauf schickte mir jemand Ihr Tonband «Innerer Friede». Als ich es mir angehört hatte, empfand ich tiefe Ruhe und noch größere Klarheit. Ich wußte, daß das Band mir helfen würde, inneren Frieden zu entwickeln.

Einige Wochen zuvor war ich bei einer Hellseherin gewesen und hatte um Führung gebeten. Ihre Botschaft erreichte mich an demselben Tag, und alles, was sie schrieb, war voller wichtiger Hinweise für meinen Weg. Wenige Tage später reiste ich nach Stonehenge, wo ich durch ein Medium Informationen über meine Zukunft erhielt. Ich solle meinem Herzen folgen, hieß es. Später hörte ich mir Ihr Tonband «Selbstwertgefühl» an, wo Sie mir rieten, auf mein Herz zu hören. Zu guter Letzt zog ich eine Engelsbotenkarte, deren Botschaft ebenfalls lautete, ich solle der Führung meines Herzens vertrauen.

Mein Gesundheitszustand ließ zwar immer noch zu wünschen übrig, aber auch in diesem Punkt sandten die Engel Hilfe. Eine Freundin, die Ernährungswissenschaftlerin war, erkundigte sich tags darauf telefonisch nach meinem Befinden. Sie untersuchte mich hierauf gründlich, gab mir eine Reflexzonenmassage und versorgte mich mit Vitaminen und Mineralien.

Ich schickte ein Dankgebet an die Engel. Sie hatten auf alle fünf Dinge reagiert, um die ich sie gebeten hatte. Dennoch fühlte ich mich immer noch sehr erschöpft und unwohl.

Am nächsten Tag schrieb sie mir folgendes:

Auf emotionaler Ebene haben mich die Engel nun schon oft geheilt und wunderbare Veränderungen bewirkt. Ich dachte deshalb, sie könnten mich auch auf körperlicher Ebene heilen und mich durch ihre Gnade von meiner krankhaften Müdigkeit befreien! Das wäre in der Tat ein Wunder gewesen, denn diese Beschwerden machen mir nun schon seit einigen Jahren zu schaffen. Ich hatte mich gerade auf mein Bett gelegt, um zu meditieren, als ich plötzlich spürte, daß ein Engel an meinem Kopf stand und seine Hände rechts und links neben meinem Kopf auf das Kissen legte. Offensichtlich war mein Wunsch so stark gewesen, daß er die Engel herbeilockte.

Ich bat ihn darum, mich zu Gott zu bringen und mir die Gnade zu gewähren, mich von meiner Krankheit zu erlösen. Und so trugen mich die Engel auf ihren Armen hinauf zu Gott. Als mich sein heilendes Licht umhüllte, legte ich mich, bekleidet mit einem weißen Gewand, nieder. Viele Engel umgaben mich jetzt – mindestens zwanzig –, und immer noch stand der Engel an meinem Kopf. Ich erblickte ein strahlendes, goldenes Licht, das von den weißgekleideten Engeln auszugehen schien.

Ich hörte nun, wie Trompeten ertönten, blickte auf und sah zwei Engel über mir schweben. Ich meinte, die Worte «Cherubim» und «Seraphim» zu vernehmen und weiß inzwischen, daß Engel solchen Namens in der Hierarchie ganz an der Spitze stehen. Damals war ich mir jedoch nicht einmal sicher, ob diese Worte sich auf Engel bezogen.

Ich fragte, warum Trompeten ertönten, und bekam zur Antwort: «Weil du etwas Besonderes bist.»

Ich bat um die Gnade, von meiner Krankheit erlöst zu werden, worauf sich eine himmlische Kraft in Gestalt eines weißen Nebels über mich legte und mich von den Zehen bis zum Kopf durchdrang, um mich von negativen Gefühlen zu befreien. Dies geschah viermal. Dann erfüllte mich ein goldener Lichtstrahl vom Kopf bis zu den Füßen. Ich konnte genau beobachten, wie sich dieser glitzernde Lichtstrahl auf meinen Kopf zubewegte, war aber zunächst nicht in der Lage, meinen Körper für ihn zu öffnen. Erst mußten die Engel mit Hilfe einer leuchtenden Flüssigkeit den Lichtkanal in meiner Wirbelsäule reinigen. Sobald mich der Lichtstrahl durchdrang, strömte er kraftvoll in alle Zellen meines Körpers. Besonders spürte ich ihn im Oberkörper.

Ich wollte noch länger in der Gegenwart Gottes bleiben, um der Heilung genügend Zeit zu geben. Da spürte ich im Kopf und besonders am Nacken eine große Hitze, die mein Körper selbst hervorzurufen schien. Der Engel stand immer noch an meinem Kopf. Nach zehn Minuten empfand ich völlige Klarheit und fühlte mich gänzlich von Frieden erfüllt. Es war wie ein plötzliches Loslassen.

Zum Abschluß bedachte man meinen Körper mit einem langen dünnen Kreuz aus Licht. Dann verließ ich die höheren spirituellen

Reiche und befand mich wieder in meinem Körper. Man sagte mir, ich solle mich sieben Tage lang ausruhen.

Nach diesem wunderbaren Erlebnis fühlte ich mich wirklich friedlich. All meine Sorgen, Ängste und trüben Gedanken waren wie weggeblasen, und ich war endgültig von meiner Krankheit und meiner Müdigkeit geheilt.

Gesundheit und seelische Ausgeglichenheit werden sich einstellen, wenn wir uns den heilenden Engeln öffnen.

Engel-Meditationen 1, 2, 4 und 6
(Seite 135, 136, 138 und 140)

18

Licht und Farbe –
der direkte Weg zur Engelenergie

Ärzte verfügen über Techniken, um mit Hilfe von Ultraschall negative Energie aufzulösen, die sich unter anderem in schmerzenden Gelenken manifestiert. Solche ultravioletten Strahlen durchdringen den ganzen Körper und können tatsächlich viele Beschwerden lindern. Es ist erwiesen, daß man mit Schall und Farben wirkungsvoll heilen kann. Es handelt sich dabei jedoch um eine sehr massive Anwendung dieser Energien – es ist beinahe so, als ob man eine Nuß mit einem Holzhammer zu knacken versucht. Jede Farbe hat ihre eigene Schwingung und Energie, die wir zwar bewußt vielleicht nicht wahrnehmen, die jedoch in unserem Unterbewußten ihre Wirkung entfaltet. Hellrot energetisiert uns beispielsweise, Grün schenkt uns Gelassenheit, und Blau besänftigt uns. Mit Gelb können wir uns besser konzentrieren, und Indigo wirkt beruhigend. Wir wählen unbewußt genau die Farben, die unsere Persönlichkeit widerspiegeln oder die uns etwas geben, dessen wir bedürfen.

Wenn die entsprechenden Farben zur Heilung eingesetzt werden, dringen sie tief in die Körperzellen und erfüllen sie mit positiver Energie oder lösen negative Energien darin auf. Jede Krankheit spricht auf ihre spezifische Farbe an.

Krebs reagiert beispielsweise auf Grün, der Farbe des Herzchakras; bei der Heilung muß unser Herzzentrum offen und entspannt sein, damit die Farbe ihre Wirkung entfalten kann. Menschen, die unter Schock stehen oder deren Geist nach Ruhe verlangt, sprechen auf Indigo an, und wer unter Depressionen leidet, reagiert besonders gut auf warme Rot- und Orangetöne.

Farbenheilen ist sehr wirkungsvoll und wird zunehmend auch in Fachkreisen anerkannt. Einige Heiler haben ein gutes Farbgespür und finden genau den geeigneten Farbton heraus, der ihren Patienten zu helfen vermag. Bei anderen ist diese Intuition nicht so ausgeprägt, und sie sind sich deshalb häufig nicht sicher, ob sie die richtige Farbe ausgesucht haben.

Die Engel der Farbe stehen uns dabei immer hilfsbereit zur Seite, auch wenn uns dies nicht bewußt ist. Immer wenn wir an eine Farbe denken und sie auf jemanden projizieren, hilft uns dabei ein Engel. Wenn wir die Engel der Farbe um Hilfe bitten, uns entspannen und ihnen die Führung überlassen, können wir versichert sein, daß sie die passenden Farben aussuchen und daß der Patient den größtmöglichen Nutzen daraus zieht.

Dabei ist es nicht notwendig, sich allzu stark zu konzentrieren; es genügt, daß wir entspannt und aufmerksam sind, damit die Engel durch uns wirken können.

Wenn wir Farben visualisieren wollen und uns nicht sicher sind, welche Farbe die richtige ist, können wir mit weißem Licht nichts falsch machen. Da in der Farbe Weiß alle Farben des Spektrums enthalten sind, können die Engel jene Farben, derer die betreffende Person am ehesten bedarf, selbst aussuchen und mischen.

Weiß ist eine sehr reine, schützende Farbe, und wenn wir uns in weißes Licht einhüllen, sind wir unantastbar. Wir können davon ausgehen, daß die Engel in dem Fall sehr machtvoll präsent sind.

Als ich auf einem Workshop über die Kraft von weißem Licht sprach, erzählte eine Teilnehmerin folgende Geschichte: Sie war schon immer hellsichtig veranlagt und konnte die Auren von Menschen wahrnehmen. Zu jener Zeit hatte sie ein Geschäft und mußte einmal wöchentlich eine beträchtliche Summe Geld mit nach Hause nehmen. Eines Abends – es war Winter und schon dunkel – stand sie nach der Arbeit an einer Bushaltestelle und wartete auf den Bus. In ihrer Handtasche befanden sich die gesamten Tageseinnahmen ihres Geschäfts.

Da sah sie im Dunkeln einen Jugendlichen auf sie zukommen und erkannte an der aggressiven Energie, die er ausstrahlte, daß er sie überfallen wollte. Verspannte sie sich und hielt ihre Tasche fest, wie es die meisten getan hätten? Nein. Im Gegenteil, sie entspannte sich, so gut es ging, und hüllte sich in weißes Licht. Mit geschlossenen Augen stand sie ruhig da und wartete ab. Sie hörte, wie der junge Mann immer näher kam. Plötzlich jedoch stockte sein Schritt, und als sie die Augen öffnete, sah sie, wie der junge Mann seine Hand nach ihrer Tasche ausstreckte, sie aber nicht ergreifen konnte, da eine unsichtbare Mauer ihn von seinem Opfer zu trennen schien. Auf seinem Gesicht stand unbeschreibliches Entsetzen. Er machte voller Angst kehrt und rannte, so schnell er konnte, davon.

Ihre Entspannung und die Visualisierung von weißem Licht ermöglichten den Beistand der Engel.

Als ich diese Geschichte einem Anwalt erzählte, lächelte er und berichtete mir von seiner eigenen Erfahrung mit der Kraft des weißen Lichts. Er sagte, es sei das erste Mal gewesen, daß er dazu Zuflucht genommen habe, aber er sei fest davon überzeugt, daß es ihm das Leben gerettet habe.

Eines Tages war er zusammen mit einigen Freunden im Auto unterwegs. Sie fuhren gerade mit hoher Geschwindigkeit auf einer Autobahn, als er plötzlich eine drohende Gefahr spürte. Er stand vor der Wahl, sich entweder der schrecklichen Angst hinzugeben oder den spirituellen Kräften zu vertrauen, die ihm zur Verfügung standen. Er beschloß, sich zu entspannen und sich mit weißem Licht zu schützen. Als er das getan hatte, lehnte er sich beruhigt in seinem Sitz zurück und wußte, daß alles in Ordnung war.

Als sie mit halsbrecherischer Geschwindigkeit dahinrasten, platzte dem Auto vor ihnen mit einemmal ein Reifen. Es schlitterte quer über die gesamte Straße, aber wie durch ein Wunder – oder aufgrund der schützenden Macht der Engel und des weißen Lichts – stieß es nicht mit ihnen zusammen, und sie überstanden die gefährliche Situation völlig unverletzt.

Müssen wir vertrauen, damit weißes Licht uns hilft? Wie alles andere gehorcht es den spirituellen Gesetzen des Universums.

Je intensiver wir uns entspannen und vertrauen, desto leichter können die Engel mit uns in Kontakt treten und uns helfen. Ich bin fest davon überzeugt, daß der Glaube eines einzigen Menschen stärker ist als der Zweifel vieler Menschen zusammengenommen.

Auf einem Workshop erzählte mir Celia, daß sie einst mit einer Freundin zu einem Seminar für Heilung fuhr. Sie hatten sich etwas verspätet, waren jedoch davon überzeugt, einen Parkplatz zu finden. Sie fuhren mehrere Male um den Häuserblock, konnten aber keinen freien Platz finden. Endlich stießen sie auf eine Parklücke, die sich jedoch in einer Reihe von Autos befand, die eindeutig falsch parkten. Celias Freundin war sich sicher: «Heute tun wir Gottes Werk. Hier können wir unbedenklich parken.» Sie stieg aus und hüllte das Auto in weißes Licht.

Celia war ganz außer sich angesichts der Ruhe und Sorglosigkeit der Freundin. Den ganzen Vormittag dachte sie besorgt darüber nach, ob sie wohl einen Strafzettel bekommen würden, aber ihre Freundin nahm davon keine Notiz. In der Mittagspause wollte Celia nachsehen, ob das Auto tatsächlich einen Strafzettel bekommen hatte oder sogar abgeschleppt worden war. Ihre Freundin fand das lustig, denn sie wußte, daß Engel das Auto beschützten, aber Celia drängte sie nachzusehen.

Bei allen anderen Autos auf der Straße hing ein Strafzettel an der Windschutzscheibe, nur ihr Auto war verschont worden.

Celia war verblüfft. Als sie daran dachte, wieviel Sorgen sie auf den Parkplatz projiziert hatte, wurde ihr klar, daß die Engel des weißen Lichts viel stärker als ihre negativen Gedanken waren.

Engel sind stärker als unsere Zweifel und Ängste.

Engel-Meditationen 1 und 5 (Seite 135 und 139)

19

Selbstvertrauen gewinnen

Joanna gestand mir, sie hätte schreckliche Angst vor der Sitzung gehabt, in der sie einen sexuellen Mißbrauch, den sie als Kind erlebt hatte, aufarbeiten wollte. Kurz vor dieser Sitzung hatte sie folgenden Traum:

Ich bin eine amerikanische Indianerin und lebe mit meinem Mann bei meinen Eltern. Ich liebe ihn von ganzem Herzen, und wir haben eine sehr enge Beziehung.

Eines Tages kam ein Soldat, der im Bürgerkrieg gekämpft hatte und verrückt geworden war, zu unserem abgeschiedenen Blockhaus. Mit seinem großen Gewehr erschoß er die ganze Familie und die Tiere und sagte dann zu mir: «Ich werde meinen Samen in dich einpflanzen, damit du mich nie mehr vergißt.» Immer wieder vergewaltigte er mich, und ich preßte die Muskeln zusammen, um nicht schwanger zu werden...

Mir fiel auf, daß Joanna den Traum zunächst erzählte, als wäre er Gegenwart. In dem Moment, als er ihr Pein bereitete, distanzierte sie sich davon, indem sie in der Vergangenheitsform weitererzählte.

Als Joanna aus diesem so wirklichkeitsnahen Traum erwachte, wurde ihr klar, daß es sich um ein Erlebnis aus einem früheren Leben handelte. Sie begriff, daß sie in einem vergangenen Leben einen Partner gehabt hatte, auf dessen Rückkehr sie ihr ganzes gegenwärtiges Leben gewartet hatte. Unter Tränen erzählte sie mir, sie habe sich Männer stets vom Leib gehalten und sei immer noch Jungfrau.

Weiter vertraute sie mir an, daß ein Geschäftspartner ihres Vaters, der ihre Familie häufig zu Hause besucht hatte, als sie drei Jahre alt war, oft ihre Genitalien berührte. Sie traute sich damals nicht, irgend jemandem davon zu erzählen, denn er hatte ihr gedroht, daß er dann ihre Eltern umbringen werde.

Als sie mit ihrer Geschichte zu Ende war, erschienen Engel. Ich beobachtete, wie sie Joanna umringten und ihr Herzzentrum von grauenhaften schwarzen Schlangen befreiten.

Sie forderten sie auf, die Augen zu schließen und sich in ihre Kindheit zurückzuversetzen, in die Zeit, als sie drei Jahre alt war. In der Gewißheit, daß die Engel sie beschützen würden, ließ sich darauf ein, ja, sie war in der Lage, dem verhaßten Täter mit neuem Mut und Selbstbewußtsein entgegenzutreten. Als er erneut drohte, ihre Eltern umzubringen, lachte Joanna jetzt nur und nannte ihn einen Feigling.

Ich forderte sie auf, ihren Vater ins Zimmer kommen zu lassen und ihm zu erzählen, was passiert war. Sie tat es und war sehr erstaunt über das, was dann geschah. «Papi hat ihn geschlagen», rief sie aus. «Ich hätte nicht geglaubt, daß er das tun würde.» Zum erstenmal in ihrem Leben wurde ihr klar, daß er in der Lage war, sie zu verteidigen, und daß er es auch tat, wenn es nötig sein würde. Ihr Vater sagte zu ihr: «Du hast es verdient, mit Liebe und Respekt behandelt zu werden.» Ihr wurde bewußt, daß sie sich niemals einer anständigen Behandlung für würdig gehalten hatte. Ihr Vater fuhr fort: «Ich verstehe jetzt, warum du kein Vertrauen zu mir haben konntest. Ich spürte immer eine Mauer zwischen uns.»

Joanna rief aus: «Ich dachte, wenn er zuläßt, daß mir jemand so etwas antut, dann wäre er auch selbst dazu fähig. Jetzt wird mir klar, daß er von der Sache nichts gewußt hat und mich, hätte er davon erfahren, verteidigt hätte. Ich bin ihm nicht länger böse. Ich wußte ja nicht, daß er keine Schuld trägt. Ich spüre jetzt, wie sehr ich ihn liebe.»

Ihre Mutter kam dazu und fiel sofort grimmig und wütend

über den Täter her. Plötzlich rief Joanna aus: «Sie wußte davon. Sie wußte, daß da etwas im Gange war.»

Ich wies sie darauf hin, daß wir manchmal intuitiv etwas erfassen, daß wir diesem Wissen aber nicht dieselbe Bedeutung beimessen wie einer konkreten Information. Joanna stimmte zu. «Ja, sie fühlte es nur unterschwellig und bat Vati deshalb, er solle seine Geschäfte nicht mehr zu Hause abwickeln.» Joanna begriff, wie schwer das ihrer Mutter gefallen sein mußte, die stets mit ihrer Unsicherheit zu kämpfen hatte, aber in diesem Augenblick instinktiv das Richtige getan hatte, um ihrem Kind zu helfen. Joanna atmete auf und sagte, sie wäre nicht mehr wütend auf ihre Mutter.

Die Engel begannen nun, die dunkle Wolke der Wut aufzulösen, die sich aus Joannas Körper gelöst hatte. Als die Dunkelheit schwand, konnten wir sehen, daß Joanna immer noch an ihre Eltern gefesselt war – mit dicken, schweren, schwarzen Ketten. Wir beobachteten, wie die Engel die Ketten zerschnitten und sie im Licht auflösten.

Schließlich eröffneten mir die Engel, daß Joannas Körper mit unsichtbaren Fäden verschlossen war, so daß sie sich für keinen Mann öffnen konnte. Ein Engel zog alle Fäden heraus, und plötzlich war sie von Hunderten von singenden Engeln umgeben.

Joannas Gesicht glühte, und ihre Augen glänzten, als sie sie öffnete: «Ich bin geheilt. Ich weiß es ganz gewiß», erklärte sie glücklich.

Sie erzählte mir anschließend, sie hätte es nie über das Herz gebracht, ihre Eltern zu verlassen, obwohl sie alles mögliche versucht hätte. Jetzt wurde ihr bewußt, daß der Mißbrauch in ihrer Kindheit sie buchstäblich an ihre Eltern *gefesselt* hatte.

Sie vertraute mir auch an, daß sie vor der Sitzung zu den Engeln gebetet hätte, sie möchten ihr zu Hilfe kommen. Und wir können uns sicher sein: Unsere Gebete werden immer erhört.

Ein paar Monate später sprach ich wieder mit Joanna, und sie erzählte mir: «Zum erstenmal im Leben fühle ich mich ganz. Ich merke, daß ich nicht mehr außerhalb von mir nach Liebe,

Unterstützung und Schutz suche. Zwar hat mir das mein Verstand schon vorher geraten, aber erst jetzt kann ich es wirklich umsetzen. Ich bin zuversichtlicher geworden und habe ein positiveres Selbstwertgefühl. Am besten kann ich die Veränderung mit den Worten ausdrücken: Ich fühle mich ganz.»

Engel, ich danke euch.

Engel schenken uns Zuversicht
und ein positives Selbstwertgefühl,
wenn wir sie darum bitten.

Engel-Meditationen 1, 2 und 6 (Seite 135, 136, 140)

20

Befreiung
von negativen Emotionen

Wir können sehr fürsorgliche, spirituell gesinnte Menschen sein und doch mit Krankheiten oder Gebrechen zu kämpfen haben, für die wir – was dieses Leben betrifft – keine Erklärung finden. Auf Larry traf das zu. Der junge Mann konnte nur hin und wieder arbeiten, weil er furchtbare Rückenprobleme hatte und ständig müde war.

Als ich ihm half, Unbewußtes ins Bewußtsein zu bringen, um ihn an die Wurzel seines Problems zu führen, sah er sich mit einem Male als Neugeborenes, das voller Haß war. Wahrscheinlich war dieser Haß in einem vergangenen Leben entstanden. Da Larry ihn nie aufgearbeitet hatte, prägte er nun auch sein heutiges Leben und wirkte sich auf seine menschlichen Beziehungen, seinen Lebensweg und seine Gesundheit aus.

Mit einer Visualisation half ich ihm, sein Herzzentrum zu öffnen, und sofort traten mächtige Engel ins Zimmer und befreiten sein Herz mit ihrer unendlichen Liebe und Barmherzigkeit von dem finsteren Haß. Anschließend erfüllten sie es mit Licht und Frieden.

Ein paar Tage später teilte mir Larry beglückt am Telefon mit, er fühle sich wie ausgewechselt.

Wir haben so große Angst vor unseren dunklen Seiten, daß wir sie oft verleugnen. Pauline, eine junge Frau, die schon viel an sich gearbeitet hatte, kam mit einem Eifersuchtsproblem zu mir. Erfahrungsgemäß liegt die Wurzel von Eifersucht in einem starken Gefühl der eigenen Unzulänglichkeit.

Ich fragte sie, ob sie die Ursache ihrer Eifersucht schon einmal in einem früheren Leben gesucht hätte, und erfuhr, daß sie bereits mehrere Rückführungen durchgeführt hatte. Diese hatten alle ein bißchen an der Oberfläche des Problems gekratzt, aber keine von ihnen hatte wirklich Licht ins Dunkel bringen können. Ich war mir sicher, daß diese Sitzung erfolgreich sein würde, weil zugleich mit ihr ein wunderschöner Engel den Raum betreten hatte. Mit zum Gebet gefalteten Händen schwebte er über ihr, und ich erkannte, daß wir um Gnade bitten mußten, um die Blockade aufzulösen.

Der Engel zeigte mir, daß im Kopf der jungen Frau eine Tür existierte, die mit rostigen Nägeln verschlossen war, und daß sich eine ganz ähnlich geartete Tür in ihrem Herzen befand! Er offenbarte mir, daß hinter diesen Türen jene Dunkelheit lauerte, die ihr so großes Unbehagen bereitete. Pauline fühlte sich so wertlos, daß sie ständig damit rechnete, ihre Partner würden sich jemand Besseren suchen.

Als ich sie in vergangene Leben zurückführte, entdeckte sie, daß sie in einem anderen Leben als reine Seele von einer Mutter geboren wurde, die eine von Haß erfüllte Hexe war und ihre Macht mit Hilfe Schwarzer Magie ausnutzte. Pauline hatte sich für jenes Leben entschieden, um Licht in diese Familie der Finsternis zu bringen, doch statt ihre Bestimmung zu erfüllen, ließ sie diese grauenvolle Dunkelheit in sich ein. Sie fühlte, wie schwarze Wut und Haß auf alle Menschen und das Leben überhaupt in ihr schwelten.

Ihr wunderschöner Engel, der in den Farben Gold, Dunkelblau und Rosa strahlte, legte nun sanft seine Hände um ihr Herz. Pauline und ich erschraken angesichts der Finsternis darin – sie war wie ein Tintenfisch, der an ihrem Herzen klebte und mit seinen riesigen Fangarmen ihren Körper umfing. Ich erwartete, daß der Engel den Tintenfisch entfernen und im Licht auflösen würde. Statt dessen hob er ihn jedoch sanft und liebevoll aus Paulines Herz heraus, streichelte ihn und verschwand, um ihn zu heilen. Als er zurückkam, hob er auch Paulines Herz aus ihrem Körper und läuterte und reinigte es in einem glitzernden Wasserfall.

Als er ihr Herz wieder in ihren Körper eingesetzt hatte, hielt ich die Heilung für beendet, aber da täuschte ich mich. Der Engel brachte den Tintenfisch zurück, der sich durch göttliche Liebe in einen rosafarbenen Kristall verwandelt hatte – ein funkelnder Rosenquarz. Wir legten ihn in ihr Herz, und jetzt strahlte sie vor innerer Schönheit.

Als sie am Ende der Sitzung die Augen öffnete, erklärte sie unter Tränen, sie fühle, daß etwas wirklich Tiefgreifendes geschehen wäre und daß sich in ihr eine große Veränderung vollzogen hätte.

Die unendliche Liebe der Engel
verwandelt negative Emotionen
in inneren Frieden.

Engel-Meditationen 1, 2 und 5 (Seite 135, 136 und 139)

21

Engel in Menschengestalt

Immer wieder hört man von Menschen, die aus dem Nichts auftauchen, um anderen zu helfen, und ebenso still und unbemerkt wieder verschwinden. Viele glauben zu Recht, es könne sich dabei um Engel in Menschengestalt handeln. Eine meiner Freundinnen erzählte mir von folgendem Gespräch, das sie auf einer Party mit einer reizenden, sehr rüstigen Dame in den Siebzigern geführt hatte:

«Sie erzählte mir, sie wollte einmal von Victoria Station mit dem Bus nach Gatwick fahren und stellte bei einem Blick auf die Uhr erschrocken fest, daß sie ihn nicht mehr erreichen würde. Doch kaum hatte sie ihr Gepäck abgestellt und die Engel um Hilfe gebeten, da erschien ein kleiner schwarzer Mann, der sagte, er sei von Gott gesandt und könne ihr helfen. Er brachte sie mit ihrem Gepäck zum Schalter der British Airways, der sich auf dem Bahnhof befand, und setzte sie in den richtigen Zug, so daß sie rechtzeitig ihr Flugzeug erreichte. Sie ist fest davon überzeugt, daß er ein Engel war.»

Die nächste wunderbare Geschichte erzählte mir eine Freundin, die einen ganz außergewöhnlichen Schutzengel hatte. Sie glaubt, daß ein Engel in Menschengestalt ihr zu Hilfe kam, noch bevor sie geboren wurde. Damals war ihre Mutter im achten Monat mit ihr schwanger und ahnte nichts von der unmittelbar bevorstehenden Geburt.

Die Familie lebte in einem kleinen Dorf auf dem Land, wo jeder jeden kannte. Ihre Mutter schrubbte gerade die Stufen vor der Haustür, als ein Fremder am Gartentor erschien und sie aufforderte, ihren Ehemann und einen Arzt kommen zu lassen und sich sofort hinzulegen, denn das Baby werde jeden Moment zur Welt kommen.

Die Stimme des Fremden klang so eindringlich, daß ihre Mutter, ohne zu zögern, gehorchte. Ihr Mann kam eilends nach Hause, der Arzt traf ein, und das Baby wurde tatsächlich innerhalb einer Stunde geboren.

Nachforschungen im Dorf ergaben, daß keiner der Dorfbewohner an diesem Morgen einen Fremden gesehen hatte.

Engel in Menschengestalt erscheinen aus dem Nichts und verschwinden wieder, sobald sie ihre Aufgabe erfüllt haben.

Kürzlich erhielt ich einen Brief von Patricia O'Flaherty, in dem sie von einem ganz ungewöhnlichen Erlebnis berichtet:

Im Oktober 1980 zog unsere Familie nach Norwegen, weil mein damaliger Mann beruflich dort zu tun hatte. Die Kinder waren damals acht beziehungsweise sechs Jahre alt. Es war eine ungeheure Belastung für mich. Wir hatten nur drei Wochen Zeit für die Vorbereitungen. Ich mußte meine Arbeit aufgeben, den Haushalt auflösen und tausenderlei Dinge organisieren. Die ganze Zeit über hatte ich nur wenig geschlafen und mir um so mehr Sorgen gemacht, so daß ich bei unserer Abreise äußerst mitgenommen war. Nach einer 24stündigen Reise mit der Fähre und einer langen Autofahrt durch Schweden und Südnorwegen kamen wir in Oslo an und quartierten uns zunächst im Grand Hotel ein. Dort wollten wir zwei Wochen lang wohnen, bis wir eine Bleibe gefunden hatten.

Am ersten und zweiten Tag waren wir völlig erschöpft, schliefen viel und unternahmen nur kleine Ausflüge mit dem Auto. Am Montagmorgen jedoch ging mein Mann voller Tatendrang zur Arbeit, und die Kinder waren munter und energiegeladen. Mir dagegen ging es miserabel: mir war übel und schwindlig, und ich zitterte vor Erschöpfung.

Nach dem Mittagessen beschlossen wir trotzdem, einen kleinen Erkundungsspaziergang in der Stadt zu machen.

Wir brachen auf. Ich wollte eigentlich nicht weit gehen, aber wir verliefen uns hoffnungslos in den Winkeln der Stadt und entfernten uns immer weiter von den Geschäften. Es wurde bereits dunkel, und die Autos fuhren mit eingeschalteten Scheinwerfern. Es war bitterkalt, und plötzlich befanden wir uns irgendwo unter einer Autobahnunterführung.

Mich überfiel helle Panik. Die Kinder waren müde. Kein Mensch war in der Nähe, und ich dachte, ich würde ohnmächtig, so mulmig war mir zumute. Ich erinnere mich noch, daß ich aus tiefstem Herzen um Hilfe bat. Allein konnte ich mich aus diesem Schlamassel nicht befreien.

Plötzlich tauchte aus dem Nichts ein großer, blonder Mann mit Regenmantel auf. Ich achtete nicht darauf, woher er kam. Er sprach perfekt Englisch und begleitete uns mit einem freundlichen Lächeln zurück. Den restlichen Weg legte ich wie im Traum zurück, aus dem ich erst an der Ecke, wo sich das Grand Hotel befand, wieder erwachte.

Ich bin fest davon überzeugt, daß uns ein Engel den Heimweg wies.

Wenn ein Kind ohne Grund jammert und mault, ignorieren wir es meistens. Wenn es aber wirklich in Schwierigkeiten oder verzweifelt ist, eilen wir ihm automatisch zu Hilfe. Wir sind Gottes Kinder, und ich habe die wunderbare Erfahrung gemacht, daß Gott uns, wenn wir wirklich in Not sind, eine Person oder einen Engel zu Hilfe schickt.

Das hat sich mir immer wieder – bei bedeutsamen ebenso wie bei alltäglichen Gelegenheiten – bestätigt, seitdem jenes Lichtwesen, von dem ich in den ersten Kapiteln berichtet habe, auf meinen allerersten Hilferuf geantwortet hat. Ich glaube, ich saß so tief in der Tinte, daß ich mich nur mit der geballten Hilfe der himmlischen Reiche aus meiner ausweglosen Situation befreien konnte.

Ungefähr ein Jahr nach meinem ersten Erlebnis mit den Engeln fühlte ich mich noch immer sehr verschreckt und einsam. Eines Abends besuchte ich einen Vortrag. Ich saß zwar in der ersten Reihe, muß aber zugeben, daß ich mich überhaupt nicht auf den Sprecher konzentrieren konnte, weil ich so mit meinen Überlebensängsten beschäftigt war. Nach dem Vortrag kam aus den hinteren Reihen ein mir fremder Mann auf mich zu. Er entschuldigte sich dafür, daß er während des Vortrags in meinen Gedanken gelesen hätte, er wollte mir jedoch mitteilen, daß alle meine Probleme sich schon bald lösen würden. Ich solle mir keine Sorgen machen, denn ich würde von höheren Kräften geführt und beschützt.

Ein andermal sprach mich ein Fremder auf der Straße an und übermittelte mir eine fast gleichlautende Botschaft. Ich kann mir zwar kaum vorstellen, daß es wirklich Engel waren, die mir diese hoffnungsvollen Botschaften überbrachten, aber ich nehme an, daß sie von höheren Wesen gesandt worden waren.

Bei einer dritten Gelegenheit, als ich mich sehr verzagt fühlte und aus irgendeinem Grund zum Himmel hochblickte, sah ich riesige Hände, die sich nach oben öffneten und den Himmel in wunderbarem Licht erstrahlen ließen. «Wir werden dich halten», war ihre Botschaft. Ich traute meinen Augen kaum, aber was ich sah, gab mir großen Mut.

Engel in Menschengestalt
helfen, ermutigen und unterstützen uns,
wenn wir vor Verzweiflung, Angst und Traurigkeit
nicht mehr weiterwissen.

Engel-Meditation 1 (Seite 135)

22

Alltagsnöte lindern

Es gibt Myriaden von Engeln, die den menschlichen Seelen mit der ganzen Kraft ihrer bedingungslosen Liebe beistehen. Wir brauchen nur darum zu bitten, dann geben sie uns alles, was wir brauchen.

Viele Menschen haben schon von dem Engel für Parkplätze gehört. Wenn wir nach einem Parkplatzengel rufen und ihn darum bitten, uns eine Parklücke zu verschaffen, wird er sein Möglichstes tun, um eine solche für uns bereitzustellen. Dasselbe gilt für den Engel der Ampeln. Bitten Sie Ihren Engel, er möge diese so schnell es geht auf Grün schalten, und Sie werden Ihren Weg durch den Straßenverkehr ungehindert fortsetzen können.

Ein Freund, der aus Kanada zu Besuch kam, erzählte mir, er bitte seinen Engel immer, ihn beim Autofahren vor Radarfallen und Kameras zu beschützen. Dies funktioniere erstaunlich gut. Er spürte einfach, daß er bei bestimmten Gelegenheiten instinktiv langsamer fuhr, und erfuhr dann später nicht selten, daß andere Autofahrer wegen erhöhter Geschwindigkeit an genau dieser Stelle mit einer Strafe belangt worden waren.

Ich habe mein Auto bisher immer mit weißem Licht geschützt, so lange zumindest, bis mir die Engel mitteilten, daß sie es persönlich bewachten. Ich glaube zwar, daß es sich letztlich um dieselbe Energie handelt, aber zu wissen, daß sich ein Engel ganz persönlich um mein Auto oder mein Haus kümmert, gibt ein gutes Gefühl.

Die Teilnehmerin eines Workshops erzählte mir, sie hätte lange Zeit stets einen Engel darum gebeten, ihr Auto zu bewachen, und obwohl sie es oft in unsicheren Gegenden abstellte, wäre nie etwas passiert. Später glaubte sie zu spüren, daß der Engel diese Arbeit aus irgendeinem Grund nicht mehr tun wollte, und entließ ihn daher aus ihren Diensten. Gleich am nächsten Tag war das Auto aufgebrochen.

Mit ist nicht klar, weshalb sie den Eindruck gewonnen hatte, daß der Engel der Bitte nur unwillig nachkam. Vielleicht war die Erfahrung, ausgeraubt zu werden, von entscheidender Bedeutung für sie, und sie konnte die Erfahrung nicht machen, solange ein Engel das Auto bewachte.

Eine andere Workshopteilnehmerin brachte uns alle zum Lachen, als sie erzählte, daß sie immer einen Engel einlud, wenn sie Hausarbeit zu erledigen hatte. Bevor sie anfing, im Haus staubzusaugen, lud sie ihren Staubsaugerengel ein und verrichtete diese lästige Arbeit dann beschwingt und mühelos in der Hälfte der Zeit. Als die Waschmaschine einen Schaden hatte und sie einen Riesenberg Wäsche mit der Hand waschen mußte, sagte sie: «Das war gar kein Problem, denn ich bat den Waschengel um Hilfe. Das Ergebnis: Die ganze Wäsche war in zwei Stunden gewaschen, und mir ging es blendend.» Anscheinend können Engel uns enorme Energie verleihen, wenn wir sie darum bitten.

Engel strahlen soviel Freude aus! Sie helfen uns beschwingt beim Einkaufen, Maschineschreiben, Rechnen, ja buchstäblich bei allem, was wir wollen. Ist das nicht eine unglaubliche Vorstellung: Während wir uns mit der Buchführung quälen, schwebt ein Engel über dem Computer und wartet nur darauf, uns die Arbeit zu erleichtern. Wenn wir uns den Kopf zerbrechen, welches Geschenk wir kaufen sollen, gibt es einen Einkaufsengel, der uns sehnlichst auf das richtige Geschenk hinweisen möchte!

Wir machen uns das Leben wirklich selber schwer... und dabei warten doch all die Engel nur darauf, uns den Weg zu ebnen – zumindest solange wir ehrliche Absichten haben.

Ebenso wie es Engel zu unserem Schutz gibt, gibt es auch

Engel der Barmherzigkeit, der Wahrheit, der Liebe, des Mitgefühls, der Demut, des Friedens und jeder anderen Eigenschaft, die man sich nur denken kann. Je höher unser Bewußtsein entwickelt ist, desto häufiger werden wir eher um positive Eigenschaften als um materielle Dinge bitten.

Ein spirituelles Gesetz lautet: Alles, worauf wir unsere Aufmerksamkeit richten, wird mächtiger und stärker. Wenn wir uns also auf Liebe oder Frieden konzentrieren, hilft uns ein Engel dabei, diese in unserem Leben zu verwirklichen. Natürlich gilt das auch für die negativen Eigenschaften. Wenn wir uns auf Angst, Habgier, Begierde oder ein anderes destruktives Verhaltensmuster konzentrieren, erlauben wir den dunklen Mächten, immer stärker Einfluß auf unser Gefühlsleben und unser Schicksal zu gewinnen.

Engel schenken uns vor allem Hoffnung. Sie versuchen stets, uns in Zeiten der Not zu stärken und zu trösten. Manchmal sind wir zu niedergeschlagen, um ihre Gegenwart zu spüren, doch sie bemühen sich unermüdlich darum, uns wieder aufzurichten. Wenn unser Karma es zuläßt, schicken sie jemanden, der uns aufheitert.

Mein Sohn Justin erzählte von einer lustigen Begebenheit, die sich einmal in einer überfüllten U-Bahn zutrug. Während der Fahrt fiel ihm eine Frau auf, die alle Mitfahrenden finster anblickte. Sie strahlte so viel Unglück und Feindseligkeit aus, daß die Luft im Abteil immer dicker wurde. Als die Bahn hielt, stieg ein junger Mann zu, setzte sich und zog zwei sehr lange dünne Luftballons aus der Hosentasche, einen roten und einen grünen. Jeder sah ihm zu, als er sie aufblies und mit viel Geschick eine Rose daraus formte. An der nächsten Haltestelle stand er auf, überreichte die Rose feierlich der finster dreinblickenden Dame und stieg aus. Diese strahlte plötzlich über das ganze Gesicht, als sie überrascht und glücklich auf die Ballonrose in ihrer Hand blickte. Justin merkte, daß auch er breit grinste, während er zuschaute. Er sah sich um, und alle Umstehenden lächelten und lachten voller Freude.

*Auch die schwierigsten Aufgaben
sind mit Hilfe der Engel zu bewältigen.*

Engel-Meditation 1 (Seite 135)

23

In Harmonie
mit der Natur leben

Engel sind die Hüter der Natur, und sie fördern deren Wachstum ebenso liebevoll, wie sie sich um die Entwicklung des Menschen sorgen. Ihre Aufgabe ist es hier vor allem, das Wirken der Elementarwesen zu überwachen, die sich unermüdlich um das Wohlergehen der Natur kümmern. Dazu gehören unter anderem Feen, Elfen, Gnome, Sylphen, Salamander, Kobolde und Faune.

Wo diese Elementarwesen in nächster Nähe zu Menschen leben, werden sie von unseren Emotionen beeinflußt. Sie verbinden sich ebenso leicht mit unseren dunklen Gedanken wie mit unserer positiven Energie und dehnen das jeweilige Energiefeld noch weiter aus. Jedem, der mit Kristallen arbeitet, wird auffallen, daß das Elementarwesen innerhalb des Kristalls negative Schwingungen ebenso wie positive Heilenergie verstärkt. Elementarwesen können also destruktiv oder konstruktiv wirken. Ein Beispiel mag das veranschaulichen: Salamander, die Feuerelementarwesen, hüten das Feuer. Wenn wir in heiterer Stimmung rings um ein fröhliches Feuer stehen, sind auch die Salamander freudig am Werk. Auf ärgerliche und aggressive Menschen können Salamander dagegen mit einer verheerenden Feuersbrunst reagieren. Wenn ein Haus oder ein Stadtviertel abbrennt, sind die Ursache dafür häufig Salamander, die sich an den aufgewühlten und oft unterdrückten Emotionen der dort lebenden Menschen entzündet haben.

Feuer kann auch reinigend wirken. Bei Feuerbestattungen

helfen die Salamander dabei, alte Verhaltensmuster, schlechte Angewohnheiten und negative Gedanken der Verstorbenen aufzulösen, die sich sonst auf noch lebende Familienmitglieder übertragen könnten, im besonderen auf die, die dafür von Natur aus empfänglich sind oder deren Aura sie nicht genügend schützt.

Folgende lustige Geschichte erzählte mir Pamela Russell aus Evesham. Sie war einst die Besitzerin eines Einrichtungsgeschäfts, das in einem kleinen Häuschen untergebracht war, welches wiederum zu einem alten denkmalgeschützten Gebäude gehörte. Früher hatte dort viele Jahre lang eine alte Dame gelebt, die später in ein Altersheim ging und dort irgendwann starb. Sie hatte ihr Zuhause sehr geliebt, und man spürte noch heute oft ihre Anwesenheit in diesen Wänden. Sie war auch jetzt noch äußerst spitzbübisch: Wenn Pamela ihren Lieblingsfingerhut beim Nähzeug liegen ließ, was des öfteren geschah, verschwand dieser manchmal spurlos. Nachdem alle im Haus fieberhaft, aber erfolglos danach gesucht hatten, befahlen sie dem Geist der alten Dame, ihn zurückzubringen, und am nächsten Morgen lag er prompt mitten auf dem Tisch! Dies geschah offensichtlich nur dann, wenn ein neuer Mitarbeiter eingestellt wurde. Es war, als wollte der Geist der alten Dame nur prüfen, wer ihre Wohnung betreten hatte, und von der betreffenden Person anerkannt werden. Also ließ sie die Mitarbeiter des Hauses ihre Gegenwart so lange spüren, bis sie mit ihren Tricks Aufmerksamkeit erregt hatte und ihr Anerkennung bezeugt wurde. Sobald sie den Neuankömmling akzeptierte und sich von diesem wiederum akzeptiert fühlte, versteckte sie den Fingerhut nicht mehr.

Jedesmal wenn der Fingerhut verschwand oder man die Anwesenheit der alten Dame zu spüren meinte, erfüllte lieblicher Blumenduft den Raum. Man konnte den Duft von Levkojen, Maiglöckchen und Wicken wahrnehmen. Die Schwiegertochter der alten Dame erzählte Pamela, daß ihre Schwiegermutter zu Lebzeiten Blumensträuße und Kränze aus jenen duftenden Gartenblumen fertigte.

Eines Tages brach in dem Geschäft ein Feuer aus. Als das

Chaos beseitigt und der Laden neu gestrichen war, kam die alte Dame nie mehr zurück. Ich vermute, die Feuerelementarwesen verbrannten die alten Erinnerungen an ihr Zuhause, so daß sie beschloß, das Häuschen zu verlassen und sich an den für sie bestimmten Ort zu begeben.

Die Elementarwesen der Luft sind die Sylphen. Sie lächeln uns aus einer sanften Sommerbrise zu, können sich aber auch zu rasenden Tornados oder Hurrikanen entwickeln. Die Sylphen verbinden sich mit unserer unterdrückten Wut und bringen sie für uns zum Ausdruck.

Wenn jemand sagt, er werde den Elementen trotzen, dann meint er eigentlich, daß er sich der entfesselten Energie der Luft-, Wasser-, Feuer- oder Erdgeister stellen will.

Feen kümmern sich mit Eifer um die Blumen. Wo wir organische Gartenarbeit betreiben und sich die Feen geborgen und geliebt fühlen, helfen sie Blumen und Gemüse dabei, zu wachsen und zu gedeihen. Ich kenne viele Menschen, die Feen tatsächlich gesehen haben und sie in ihrem Garten, ja sogar in Blumenkästen beherbergen.

Ich selbst habe jedoch erst einmal in meinem Leben eine Fee gesehen; es geschah bei der *Findhorn Foundation*, der beeindruckenden spirituellen Gemeinde in Schottland. Sie ist berühmt für ihre wunderbaren Erzeugnisse, die im Einklang mit der Natur angebaut werden. Dort ist der Schleier zwischen den Welten sehr dünn. Das Erlebnis mit der Fee werde ich nie vergessen. Es geschah, als ich gerade einem Vortrag lauschte. In der Mitte des Raumes stand eine Schale mit Katzenminzenblüten, in deren Mitte eine Kerze brannte. (Die Blätter der Katzenminze sind silbrig, ihre Blüten aber haben eine wunderschöne mauve-blaue Farbe.) Erstaunt und erfreut erblickte ich plötzlich ein strahlendes Licht, das genau die Farbe der Blüten hatte, über der Vase schweben. Es war eine Fee, die genau wie Tinkerbell aus dem Buch *Peter Pan* aussah, das ich als Kind so gern gelesen hatte – nur daß sie schimmerte, glänzte und strahlte, wie ich es nie erwartet hätte. Ich beobachtete, wie sie über den Blüten schwebte und sie umkreise. Als ich den Blick abwandte und dann wieder hinsah, war sie immer noch da. Sie war viel faszinierender als der Vortrag, aber schließlich mußte ich mich wieder auf die Arbeit konzentrieren, und die wunderschöne Fee entschwand meinen Blicken.

Es gibt Undinen, Wasserkobolde und Meerjungfrauen, die sich um die Meerespflanzen kümmern, und Gnome, die über Steine, Mineralien und Edelsteine wachen.

Diese Geister werden jeweils nur einem Element zugeordnet, Menschen hingegen allen vieren: Luft, Wasser, Feuer und Erde. Alle Elementarwesen können uns Streiche spielen, weshalb wir sie mit größtem Respekt behandeln sollten.

Es gibt zwei parallel verlaufende Entwicklungsstränge – den Weg der Engel und den Weg der Menschen und Tiere. Die Elementarwesen, die «Kinder» der himmlischen Reiche, entwickeln sich unter der Obhut Gottes und der Herren des Karma zu Engeln. Die Menschen und Tiere werden von Geistführern, die direkt von Gott auserwählt wurden, auf ihrem Weg über die verschiedenen Entwicklungsstufen geleitet.

*Wenn wir die Naturwelt respektieren,
unterstützen wir die Engel und werden
– gemäß dem spirituellen Gesetz –
auch selbst unterstützt.*

Engel-Meditation 1 (Seite 135)

24

Von Engeln gesegnete Orte

Alle Berge, Flüsse, Felsen und Bäume haben ihren eigenen Engel, der über sie wacht und die Elementarwesen beaufsichtigt, die in ihnen am Werk sind.

Wenn wir die Kraft eines Berges oder eines Wasserfalls spüren, haben wir uns auf die Energie des jeweiligen Engels eingestimmt, der diesen Platz behütet.

Auf der Erde gibt es sogenannte Kraftorte, von denen sich Menschen magisch angezogen fühlen, weil sie dort unbeschreiblichen Frieden und Gelassenheit erfahren. Meistens handelt es sich dabei um Orte von wunderbarer Naturschönheit, die jeden Menschen in Staunen und Ehrfurcht versetzen.

Ich hatte ein unerwartetes Erlebnis in Avebury, dem Herzzentrum des Planeten und einem der Kraftorte in England. Während ich vor einem der großen, mächtigen Steine meditierte, schickte ich ein stummes Gebet aus, denn ich wollte den Engel von Avebury sehen, der über diesen Kraftort wachte. Sogleich fühlte ich, wie mich eine unermeßliche Kraft umgab, die so groß wie drei Wolkenkratzer zu sein schien – absolut riesig. Ich hatte diesmal nicht das gewohnte warme, angenehme Gefühl, das mir Begegnungen mit Engeln sonst immer vermittelt hatten, sondern spürte eine grimmige, beschützende und mächtige Kraft – eine positive Kraft für Menschen mit guten Absichten, aber sicherlich keine, mit der man herumspielen konnte. Ich hatte das Gefühl, als ob sie mich förmlich in den Stein hineinpreßte. Puh! Da merkte ich erst, wie mächtig Engel sind.

Einige dieser Kraftorte sind Tore zu höheren Dimensionen und ermöglichen die Kommunikation zwischen Menschen und Wesen anderer Sphären. Wenn wir an einem dieser Tore stehen, öffnen wir uns für Eindrücke, Visionen, intuitive Einsichten und alle anderen spirituellen oder übersinnlichen Botschaften.

Viele dieser interdimensionalen Tore lassen sich nur zu einer Seite hin öffnen, das heißt, allein den höheren Wesen ist es erlaubt, den Energiewirbel, der die Sphären voneinander trennt, zu durchschreiten, um Kontakt mit uns aufzunehmen. Einige wenige aber sind in beide Richtungen begehbar, und durch sie können wir Botschaften aus dem Universum empfangen sowie unsererseits Mitteilungen ins Universum senden. Stonehenge in England zum Beispiel ist solch ein Tor; lange Zeit war es geschlossen, jetzt aber steht es für Sphärenwanderer beider Dimensionen wieder offen. Das mächtigste interdimensionale Tor auf der Erde ist Machu Picchu in Peru.

Nur durch diese Pforten können Wesen anderer Dimensionen unseren Planeten betreten, und sogar Engel benutzen sie gern, um auf die Erde zu gelangen. Wenn wir diese Tore aber nicht schützen, können auch finstere Engel und gefährliche außerirdische Wesen eindringen. Leider ist das heute der Fall: Wir vernachlässigen diese mächtigen interdimensionalen Pforten, obwohl sie dringend unseres Lichts und unserer Gebete bedürfen. Ursprünglich zählten diese Tore zu den bedeutendsten Heiligtümern der Menschheit, an denen nur besonders geschulte Eingeweihte Zeremonien abhielten. Heute aber wird ihre Bedeutung verkannt.

Vor kurzem fuhr ich mit Freunden nach Machu Picchu. Wir hatten auf der Reise schreckliche Alpträume; erst bei unserer Rückkehr haben wir erfahren, daß finstere Mächte versuchten, uns anzugreifen. Trotzdem spürten wir, daß der heilige Ort das Licht, das wir ihm sandten, aufsog wie verdorrte Erde einen sanften Regenschauer. Für mich war jedenfalls das Meditieren und Om-Singen in Machu Picchu das Wunderbarste, das ich je an Kraftorten erlebt habe. Ich fühlte, wie meine Energie immer höhere Schwingungen erreichte.

Wenn Menschen mit ehrlichen Absichten und spiritueller Einsicht Stonehenge, Machu Picchu und andere wichtige Kraftorte besuchen oder auch nur an sie denken, werden diese dadurch automatisch geschützt. Wir können durch diese interdimensionalen Tore auch Liebe und Lichtenergie ins Universum aussenden.

Auch die Kornkreise, die immer wieder Aufsehen erregen, sind Botschaften aus den höheren Dimensionen, entworfen und geschaffen von den türkisfarbenen Engeln der Kommunikation. Kornkreise sind Symbole. Wo immer wir Bilder in einer Zeitung oder im Fernsehen sehen, wirken diese Symbole im Unterbewußtsein als Schlüssel zu kosmischen Informationen. Wir brauchen daher nicht jedes Symbol mit dem Verstand zu entschlüsseln, denn die Botschaften erreichen uns auf anderen Wegen.

1996 entstand gegenüber von Stonehenge ein riesiger Kornkreis. Ich erfuhr, man habe ihn dort geschaffen, um die Energie des interdimensionalen Tores zu verstärken. Die kodierte Botschaft des Symbols handelte von intergalaktischen Reisen. Sie forderte Menschen auf, im Traumzustand durch dieses Tor zu schreiten und in andere Sphären zu reisen, damit sie etwas über die Unermeßlichkeit des Universums erfuhren. Immer wenn sich Menschen in einen Kornkreis setzen, verbinden sie sich mit den Engeln.

Viele der finsteren Mächte – oder «bösen» Kräfte, wie manche Menschen sie lieber nennen – konnten in den vergangenen Jahrtausenden auf unserem Planeten Fuß fassen, weil wir Menschen die heiligen Schutzrituale vernachlässigt und auf der Erde soviel Negativität und Furcht verbreitet haben. Unsere eigene innere Finsternis nährt das Bewußtsein der finsteren Engel und ermöglicht es ihnen, in unserem Umfeld aktiv zu werden. Wenn wir aber statt Furcht und Negativität Frieden und Liebe ausstrahlen, können sie uns nichts anhaben.

Damit wir die Nähe und den Beistand der vielen positiven Lichtwesen und Engel erfahren können, müssen wir sie durch die Aussendung von Liebesenergie anziehen, denn diese ist auch für die Engel Nahrung. Wenn wir Liebe, Dankbarkeit und andere hohe Schwingungen durch die magischen Tore ins Universum projizieren, laden wir das höhere Bewußtsein zu uns ein.

In dieser Zeit des Bewußtseinswandels auf der Erde müssen wir unbedingt Liebe über die sogenannten Ley-Linien ins Universum senden; das sind jene Kraftlinien, die uns mit den anderen Planeten und Galaxien verbinden. Dadurch kann die Erde ihren eingeschlagenen Weg korrigieren und ihren rechtmäßigen Platz im Universum wieder einnehmen. Das geschieht am wirkungsvollsten über die interdimensionalen Tore. Natürlich ist es sinnvoll, zu jeder Zeit möglichst viel Liebe, Licht und positive Energie auszusenden. Wenn wir jedoch unseren Ruf nach Liebe und himmlischer Hilfe durch die magischen Pforten schicken, dringt er noch weiter ins Universum vor, wo Lichtwesen mit hohem Bewußtsein darauf reagieren können.

Wenn wir die Engel um Hilfe bitten, lenken sie unsere Strahlen der Liebe und des Lichts an den am besten dafür geeigneten Ort.

Licht ist spirituelles Wissen und Einsicht.
Finsternis bedeutet fehlendes Licht.
Im Dunkeln tappen heißt,
kein spirituelles Wissen zu besitzen.
An Kraftorten überschreiten wir die Schwelle
zum Reich des Lichts.

Engel-Meditationen 1 und 3 (Seite 135 und 137)

25

Ein Quell der Friedensenergie

Die meisten von uns haben beim Besuch von Kirchen oder Kathedralen schon einmal ein Gefühl von Frieden und Stille erlebt. Sie spürten in dem Fall die liebevolle Kraft der Engelenergie, die die himmlischen Wesen jahrhundertelang in dem heiligen Raum bewahrt haben.

Der Engel einer Kirche kann auch sehr beschützend wirken. Eine meiner Freundinnen beschloß, Weihnachten ganz still und besinnlich zu verbringen, und ging allein in eine Kirche. Beim Betreten spürte sie die Gegenwart eines goldenen Engels, die die Kirche ganz erfüllte, und war überwältigt von seiner Stärke, Macht und Grimmigkeit. Dieses keineswegs erschreckende Erlebnis schenkte ihr die beruhigende Gewißheit, daß der Engel über eine riesige und beschützende Kraft verfügte. Sie fühlte sich in seiner Energie geborgen und eingehüllt. Dies ist ihr einziges Erlebnis dieser Art.

In der Natur machen Menschen oft spirituelle Erfahrungen. Begegnungen mit Engeln sind deshalb so beglückend, weil sie uns nicht verurteilen oder kritisieren. Es genügt schon, wenn uns die Präsenz der Baum-, Stein-, Berg- und Flußengel umgibt, welche uns einfach so annehmen, wie wir sind, damit wir uns geborgen fühlen. Wenn wir die Sicherheit spüren, die ihre Gegenwart uns schenkt, können wir unsere Verteidigungshaltung aufgeben und uns höheren Dimensionen öffnen.

In einer Kirche oder auch in jedem anderen Gebäude, das spirituellen Zwecken dient, kann sich ein solches Geborgenheitsgefühl einstellen. Wenn das Bewußtsein der Gemeinde spirituell so entwickelt ist, daß sie niemanden verurteilt, sondern jeden Menschen so akzeptiert, wie er ist, ist dieser Ort von einem tiefen Frieden erfüllt, der unseren Geist zur Ruhe bringt und unser Herz öffnet.

Auf der Welt geht es nur zu oft sehr laut, unharmonisch, aufregend und gewalttätig zu. Wir werden den Weg zu Gott niemals finden, wenn wir ständig beschäftigt und abgelenkt sind. Kirchen und Tempel sind jedoch ruhige, friedvolle Orte, an denen wir zu unserer Mitte finden können.

Um auf unsere Intuition horchen zu können und zu unserer tiefsten Weisheit zu gelangen, müssen wir still werden und schweigend zuhören. Wenn wir täglich zu innerem Frieden, Ruhe und Stille finden, offenbart sich uns der Weg, den wir sehen sollen, und ebnet sich. Und indem wir uns mit dem Schöpfer verbinden, finden wir wahre Labsal für unseren Geist. In der Stille unseres Herzens und unseres Verstandes kann sich die Leere in uns mit Liebe füllen.

Wenn wir ganz still werden und zu unserer Mitte finden, verbreiten wir so wunderbare Wellen des Friedens um uns, daß die Menschen in unserem Meer der Harmonie baden wollen.

Die Engel der Natur, der Kirchen und der heiligen Orte helfen uns, unsere unsteten Gemüter und Herzen zu beruhigen und zu besänftigen. Sie sorgen für einen ruhigen und geschützten Ort, an dem diese Verbindung stattfinden kann.

Jeanne Slade, deren Geschichte ich im siebten Kapitel erzählte, besuchte kürzlich den Dom in Florenz. Sie stand hinten im Dom in einer Gruppe Menschen und entspannte sich in der friedlichen, erhebenden Atmosphäre des Orts. Plötzlich wurde sie von einem unglaublich starken Gefühl überflutet, und ihr Blick wurde auf die rechte Seite des Doms gelenkt. Von hier entströmten so gewaltige liebevolle Energiewellen, daß Jeanne ganz gefesselt war. Das unsichtbare Wesen reichte bis zur Decke hinauf und erfüllte den ganzen Raum. Trotz ihrer Enttäuschung, daß sie diesen riesigen Engel nicht sehen konnte, spürte sie doch seine liebevolle Gegenwart so stark, daß es schien, als öffne sich ihr Herz und werde ganz weit.

Wenn Sie sich in den Strahlen der Liebe,
die die Engel aussenden, entspannen,
wird sich Ihr Herz öffnen.

Engel-Meditation 1 (Seite 135)

26

Who is Who der Engelwelt

Überlieferungen berichten, daß die Engel von Gott erschaffen wurden, noch bevor der Mensch ins Dasein trat. Als dieser schließlich irdische Gestalt annahm, wurden einige der rangniedrigeren Engel damit beauftragt, sich um ihn zu kümmern.

Über die Rangordnung der Engel gehen die Meinungen allerdings auseinander. Im allgemeinen glaubt man, daß es drei Sphären mit jeweils drei Ebenen gibt.

Die erste und höchste Sphäre ist das Domizil der *Seraphim*, *Cherubim* und *Throne*.

Die zweite Sphäre wird von den *Herrschaften, Tugenden* und *Mächten* bevölkert.

In der dritten und niedrigsten Sphäre befindet sich das Reich der *Fürstentümer, Erzengel* und *Engel*.

Die ranghöchsten Engel in der Hierarchie sind die *Seraphim*, deren Wesen reine Liebe ist. Sie sind die Himmlischen Heerscharen, die unentwegt Loblieder auf den Schöpfer singen und auf diese Weise die Schöpfung am Leben erhalten. Sie lenken die göttliche Energie, die vom Herrn des Universums ausströmt. Nur Wesen, die eine unvorstellbar hohe Schwingung haben, können soviel Gotteskraft ertragen.

Die *Cherubim*, die Engel der Weisheit, sorgen dafür, daß das göttliche Licht das gesamte Universum durchstrahlt. Sie sind Hüter der Sterne und des Himmelsgewölbes. Es heißt, daß Gott nach dem Sündenfall einen Cherub entsandte, der vor dem Garten Eden den Weg zum Baum des Lebens bewachen sollte.

Die *Throne* beschützen und bewachen die Planeten, und so ist es auch ein *Thron*, der sich um die Erde kümmert. Der hebräische Prophet Ezechiel beschreibt sie als lodernde Fackeln oder glühende Feuerkohlen. Auf Gemälden sind sie oft mit vielen Augen oder Rädern abgebildet.

Auf diese Dreiheit – die *Seraphim*, *Cherubim* und *Throne* – strahlt das Licht Gottes unmittelbar hernieder. Sie nehmen es auf und geben es in abgeschwächter Form an alle übrigen himmlischen und irdischen Wesen im Universum weiter, die es nur in dieser verwandelten Weise ertragen können.

Die *Herrschaften* sind eine Art «Himmelspräfekten», die im Reich der Engel die Rangniedrigeren überwachen. Sie dienen als Kanäle für die Barmherzigkeit Gottes, und obwohl sie selten Verbindung zu Menschen aufnehmen, ermöglichen sie doch den Übergang zwischen der spirituellen und der materiellen Welt.

Die *Tugenden* senden breite Lichtstrahlen in einer Form aus, zu der wir Menschen eher Zugang haben. Sie sind die Engel, die Wunder geschehen lassen. Wenn mehrere Menschen sich versammeln, um ihr Bewußtsein zu erheben und sich auf die Engelenergie einzustimmen, erhalten sie Zugang zu den göttlichen Botschaften, die die *Tugenden* verkünden. Dieses Wissen ermöglicht den Quantensprung des Bewußtseins, der das Neue Zeitalter einläutet.

Mit den *Mächten* sind wir vielleicht noch nicht so vertraut, aber die meisten von uns haben schon einmal von Engeln der Geburt oder des Todes gehört. Der Engel der Geburt, der uns im Augenblick unserer Ankunft auf der Erde liebevoll umfängt, ist eine *Macht*; ebenso der Engel, der uns in unserer Todesstunde freudig den Übergang vom menschlichen Körper in den Lichtkörper erleichtert. Wenn sich Menschen beispielsweise nach dem Verlassen ihres Körpers in den astralen Ebenen verirren, führen diese Engel sie auf den richtigen Weg zurück. Auch die Herren des Karmas, die alle unsere Handlungen in der Akashachronik aufzeichnen, sind *Mächte*. Sie wachen über das Gewissen der Menschheit und sind auch Herren des Gruppenkarmas, des nationalen Karmas, des Weltkarmas und des universellen Karmas.

Fürstentümer haben die Aufgabe, Städte, Staaten, multinationale Gemeinschaften und jede größere Menschengruppe zu beschützen. Wie die meisten Engel wirken sie im gesamten Universum, und die Erde ist nur ein kleiner Teil ihres Wirkungsbereichs.

Dem christlichen Abendland gut bekannt sind die *Erzengel*, die über die übrigen Engel wachen und mit besonderen Aufgaben auf der Erde betraut sind. Sie sorgen dafür, daß das Licht die Dunkelheit immer wieder überwindet. Es gibt im Universum zwar Millionen von Erzengeln, aber am engsten mit der Erde verbunden sind Michael, Gabriel, Raphael und Uriel. Von diesen vier werden in der Bibel nur drei erwähnt: Gabriel, dessen Name «Held Gottes» oder «Gott ist meine Stärke» bedeutet, Raphael – «Gott hat geheilt» – und Michael – «Wer ist wie Gott?». Der Erzengel Michael gilt als Engel des Krieges, und man sagt, er beschütze darüber hinaus den einsamen Reisenden.

Uriel bedeutet «Feuer Gottes». Dieser Erzengel übermittelte der Menschheit die Kabbala, die bedeutende mystische Tradition der Juden. Was noch wenig bekannt ist: Die Erzengel haben im Äther rings um die Erde Schlupfwinkel. Wir können sie abends vor dem Schlafengehen darum bitten, uns zu einem dieser Schlupfwinkel mitzunehmen, damit sie uns reinigen und uns ihre segensreiche Hilfe zuteil werden lassen.

Der Schlupfwinkel des Erzengels Michael befindet sich in Banff im kanadischen Staat Alberta, der des Erzengels Uriel in der Tatra, südlich von Krakau in Polen, und Raphaels Heimstatt ist im portugiesischen Fatima zu finden. Gabriels Schlupfwinkel ist der Mount Shasta in Kalifornien.

Wir können auch darum bitten, zum Schlupfwinkel des Erzengels Jophiel südlich der Chinesischen Mauer bei Lantschou im nördlichen Zentralchina geführt zu werden. Sein Name bedeutet «Schönheit Gottes». Chamuels Aufenthaltsort – «Der wie Gott sieht» – ist in St. Louis, Missouri, USA, zu finden, und der des Erzengels Zadkiel – «Rechtschaffenheit Gottes» – liegt in Kuba.

Der iranische Erzengel Voku Monak offenbarte vor 2500

Jahren Zarathustra Gottes Botschaft. Die Anhänger dieser religiösen Gemeinschaft glauben, daß sechs Erzengel in der Gegenwart Gottes weilen, den sie Ahura Mazda nennen und der auch als «Herr des Lichts» oder «Weiser Herr» bekannt ist. Diese Erzengel verkörpern Guten Wind, Ewige Wahrheit, Segen für das Königreich, Hingabe, Ganzheit und Leben. Ahura Mazda soll in einer Scheibe aus reinem Licht schweben, und so wird er auch auf alten Holzschnitten dargestellt.

Im Islam steht an der Spitze der Engelshierarchie der Erzengel Gabriel, der Mohammed den Koran diktierte. Auch die Sufis in den islamischen Mysterienschulen fühlen sich den Engeln tief verbunden.

Ein weiterer Erzengel, Moroni, ermöglichte die Entdeckung der goldenen Täfelchen mit den göttlichen Inschriften, die das *Buch Mormon* darstellen, und begründete damit das Mormonentum.

Aus den niedrigsten Rängen der himmlischen Wesen schließlich werden die Schutzengel ausgewählt, die sich um den einzelnen Menschen kümmern. Sie behüten uns seit unserer Geburt, sind aber auch zur Stelle, um uns Führung zu geben und uns auf mannigfaltigste Art zu unterstützen, wenn wir nur darum bitten. Sie können uns Steine aus dem Weg räumen, durch uns heilen, uns inspirieren, unser Bewußtsein erhöhen und uns helfen, ein harmonisches Leben zu führen und Träger des Lichts zu werden. Engel sind unsere Hüter auf der Erde. Wir alle haben einen persönlichen Schutzengel, der unsere Gedanken und Taten in unserer persönlichen Lebenschronik aufzeichnet. Diese Chronik wird von den Herren des Karma überwacht.

Engel dienen auf verschiedenen Ebenen
überall im Universum.

Engel-Meditationen 1 und 3 (Seite 135 und 137)

27

Geheimnisse der Bibel

Die Bibel ist voll von Geschichten über Engel, die in entscheidender Weise das Schicksal der Menschen nach Gottes Willen lenken.

Engelsboten

Die bekannteste Engel-Erzählung im Neuen Testament berichtet von den Boten, die zur Zeit der Geburt Jesu Christi erschienen. Vor Marias Vermählung mit Josef erschien Maria ein Engel und verkündete ihr, sie werde ein Kind zur Welt bringen – den Sohn Gottes.

Da Josef offenbar im Wachzustand nicht empfänglich für die himmlischen Wesen war, erschien ihm ein Engel im Traum, um ihm zu sagen, daß Marias Kind tatsächlich der Messias sei. Später fand sich ein Engel bei den Hirten ein und verkündete, daß ihr Retter geboren sei, worauf sie sich von einer ganzen Engelschar umgeben sahen, die sang: «Ehre sei Gott in der Höhe und Friede auf Erden.» Die drei Weisen aus dem Morgenland folgten einem leuchtenden Stern, der sie zu dem Stall führte, in dem Jesus zur Welt kam. Herodes wollte von ihnen erfahren, wo sich das Kind befand, aber Engel warnten sie davor, zu Herodes zurückzukehren, und so verließen sie das Land über eine andere Route. Als Herodes daraufhin wütend den Tod aller Knaben unter zwei Jahren anordnete, griff wiederum ein Engel ein, der Josef vor der Gefahr warnte, und so konnte er rechtzeitig mit Maria und seinem Sohn nach Ägypten fliehen.

Bei einer anderen Gelegenheit erschienen zwei strahlendweiße Engel den Jüngern Jesu und überbrachten ihnen die freudige Botschaft, daß Jesus von den Toten auferstanden und in den Himmel aufgestiegen wäre – und daß er einst vom Himmel auf die Erde zurückkehren würde.

Die frühen Christen waren überaus aufgeschlossen gegenüber Engeln, so wie auch heute wieder ein lebendiges Interesse an den himmlischen Wesen erwacht ist. Der römische Centurio Cornelius aus Cäsarea, der mit einer Jüdin verheiratet war, war ein guter Mensch. Eines Tages hörte er, wie ein Engel seinen Namen rief und ihm auftrug, sich zu Simons Haus zu begeben, wo der Apostel Petrus zu jener Zeit wohnte.

Petrus betete gerade auf dem Dach seines Hauses, als er eine überwältigende Vision hatte. Er sah ein riesiges Tuch, in dem sich unzählige Tiere befanden, darunter Schweine, Ziegen, Lämmer, Wölfe und Hühner. Eine Stimme befahl ihm, sich davon etwas auszusuchen und es zu essen.

Petrus war jedoch Jude und durfte kein Fleisch von Tieren essen, die nicht nach jüdischem Gesetz getötet worden waren. Das erklärte er dem Engel. Dieser erwiderte: «Was Gott für rein erklärt hat, das erkläre du nicht für unrein!» Diese rätselhafte Vision hatte er noch zweimal, und jedesmal hörte er dieselben Worte. Als er schließlich vom Dach herunterstieg, klopften römische Soldaten ungestüm an die Tür. Der Engel trug ihm auf, ohne Bedenken mit ihnen zu gehen, denn sie wären von Gott gesandt.

Die Soldaten führten ihn zu Cornelius, der ihn anflehte, alle Menschen, die sich in seinem Haus versammelt hatten, zu unterrichten und zu taufen. Viele Gemeindeältesten waren entsetzt, denn ihrer Ansicht nach sollten Nichtjuden keine Christen werden. Petrus erinnerte sich jedoch an die eindrucksvollen Worte des Engels: «Was Gott für rein erklärt, das erkläre du nicht für unrein!» Er erinnerte die Gemeindeältesten daran, daß Gott ausnahmslos jeden Menschen annimmt. Man hörte ein Geräusch, das wie das Rauschen des Windes klang, aber vermutlich von Engelsflügeln stammte, und Feuerzungen flakkerten über der Menschenmenge.

Engel als Retter in der Not

Wenn Gefahr droht, stehen Engel zur Rettung bereit. Das alte Testament berichtet von Daniel, der in eine Grube voll hungriger Löwen geworfen wurde, wo er, selbst wenn ihn die Löwen nicht gefressen hätten, verhungert wäre. Aber es erschien ein Engel bei dem Bauern Habakuk, der ihn um einen gerade gepackten Proviantkorb bat. Der Engel führte ihn mit dem Korb zur Löwengrube, wo der erschrockene Bauer Daniel den Proviant reichte. Vermutlich stellten die Löwen für Daniel keine Gefahr dar, andernfalls hätte der Engel ihn ja davor beschützt. Denn früher wurden Eingeweihte in den Tempeln darin geschult, ihre Gedanken und ihre Angst so zu kontrollieren, daß sie Löwen, Schlangen oder jede andere Kreatur beherrschen konnten. In einem früheren Leben könnte Daniel ein solches geistiges Training absolviert haben.

Als Nebukadnezar König von Babylon war, weigerten sich drei Juden – Schadrach, Meschach und Abed-Nego –, der von ihm errichteten riesigen Götzenstatue zu huldigen. Man drohte ihnen, sie in Ketten zu legen und in das lodernde Feuer im Ofen zu werfen, wenn sie das Götzenbild nicht anbeteten.

Als sie sich immer noch weigerten, warf man sie tatsächlich in den glühenden Ofen. Statt der üblichen Schreie von Menschen, die verbrannt werden, hörten die zuschauenden Würdenträger jedoch nur Gesang. Mit leichenblassem Gesicht deutete Nebukadnezar auf die Flammen und sagte, er sehe in den Flammen drei singende Männer und einen Engel.

Der König ließ die drei Männer aus den Flammen holen. Von der Hitze des Feuers waren die Ketten geschmolzen und abgefallen. Körper, Haare und Kleidung waren unversehrt, und statt des Geruchs von versengtem Fleisch nahm man nur den Duft von Blumen wahr.

Engel der Zerstörung

Es gibt auch einen Engel der Zerstörung. Altes und Schlechtes wird zerstört, damit Neues und Gutes Platz hat. Dies ist auch die Aufgabe des Hindu-Gottes (oder -Engels) Shiva.

In einer Stadt namens Sodom herrschten Begierde und Unzucht. Als Gott sie deshalb vernichten wollte, bat Abraham ihn darum, nur die zügellosen Menschen, nicht aber die guten und ehrlichen zu töten. Gott versprach ihm, daß alle Menschen in der Stadt verschont würden, falls man ihm zehn ehrliche Menschen zeigen könnte. Es fand sich jedoch nur ein einziger guter Mensch in Sodom, ein Mann namens Lot, und so zerstörten Gottes Engel die Stadt.

Man mag dagegen einwenden, daß ein gewöhnliches Erdbeben dieses Gebiet zerstört haben könnte, jedoch ist zu bedenken, daß die Engel alle Naturereignisse – auch Erdbeben – überwachen.

Helfende Engel

Schon in biblischen Zeiten kamen Erzengel in Menschengestalt auf die Erde, um die Gebete gütiger Menschen zu erhören und ihnen zu helfen. Tobit war solch ein herzensguter Mensch, der den Armen und Benachteiligten stets hilfreich zur Seite stand. Eines Nachts erblindete er und konnte fortan nicht mehr seiner Arbeit nachgehen. Er und seine Familie gerieten in große Armut. Er bat inständig um Hilfe.

Gleichzeitig widerfuhr in einer anderen Stadt einer sanftmütigen Frau namens Sarah unvorstellbar großes Unglück. Sie hatte siebenmal geheiratet, und jedesmal hatte man am nächsten Morgen ihren Bräutigam tot aufgefunden! Niemand wußte weshalb, aber der Teufel hatte ihre Ehemänner jedesmal umgebracht. Deshalb mußte die arme Sarah immer noch bei ihren Eltern wohnen, und niemand wollte sie heiraten. Auch sie bat um Hilfe.

Tobits und Sarahs Gebete wurden von Gott erhört, und der

Erzengel Raphael wurde in Menschengestalt auf die Erde gesandt, um den beiden zu helfen. Gott erinnerte Tobit daran, daß sein Vetter – Sarahs Vater – ihm Silber schuldete, das ihm in einer bedrückenden finanziellen Situation große Dienste leisten würde. Gott schlug Tobit vor, seinen Sohn Tobias auf die weite Reise zu schicken, um das Silber zu holen.

Der Erzengel Raphael schlüpfte in die Rolle eines Kamelführers, den Tobias für die Reise durch die Wüste anheuerte. Unterwegs wusch sich Tobias in einem reißenden Fluß. Da sprang ein glänzender Fisch aus dem Wasser, und Raphael forderte Tobias auf, seine Leber, sein Herz und die Gallenblase in kleinen versiegelten Töpfen aufzubewahren.

Als sie schließlich bei Sarahs Familie eintrafen, überreichte ihr Vater Tobias nicht nur das Silber, sondern bat ihn auch, Sarah zu heiraten. Tobias wollte nicht der achte tote Ehemann sein und fragte seinen Diener um Rat. Raphael schlug vor, er solle das Mädchen heiraten, sich aber mit Hilfe von Magie schützen – indem er das Herz und die Leber des Fisches verbrannte.

Die Hochzeit fand statt, und die ganze Nacht hindurch schürte Tobias das Feuer und verbrannte Herz und Leber des Fisches, wie Raphael ihm geraten hatte. Als der Teufel schließlich in sein Zimmer trat, um ihn zu töten, stieß ihn der Geruch der brennenden Innereien so ab, daß er Tobias keinen Schaden zufügen konnte. Schließlich verfolgte Raphael den Fürsten der Finsternis und besiegte ihn.

Das junge Paar reiste durch die Wüste zu Tobias' Familie zurück, und Raphael riet Tobias, seinen Vater, bevor er ihn wiedersehe, mit der Fischgalle von seiner Blindheit zu heilen. Als der Vater sein Augenlicht wiedergefunden hatte, erkannte er in Raphael sofort den Erzengel, worauf dieser verschwand.

Engel handeln stets auf Gottes Geheiß.

Engel-Meditationen 1 und 3 (Seite 135 und 137)

28

Unsere innere Bestimmung

Wir alle kennen Geschichten von finsteren oder gefallenen Engeln, die sich gegen Gott auflehnten und böse und rachsüchtig wurden. Sie sind uns als Luzifer, Satan, Mephistopheles, Samael und Beelzebub nur zu vertraut. Alle Religionen sprechen von finsteren Engeln oder Göttern, die andere in Versuchung führen oder vernichten. Ich glaube, daß man nur auf der Erde, dem Planeten der freien Wahl und Dualität, an diese finsteren Mächte glaubt.

Im Buch *Jesaja* sagt Gott: «Ich schaffe das Licht und die Finsternis.» Immer schon hielt man Gott gleichzeitig für die Quelle der Schöpfung und der Vernichtung. Erst zweihundert Jahre vor Christi Geburt entwickelte sich der Glaube an eine von Gott getrennte böse Macht, die sich Ihm widersetzte. Gott aber ist allmächtig, Er ist reines Licht. Er rivalisiert nicht mit dem Bösen oder dem Teufel, sondern Er setzt sie als Diener für Seine Absichten ein.

In der Volkssage heißt es, daß Luzifer, ein Seraph, Träger des Lichts und der Liebling Gottes, Ihm den Thron streitig machte. Gott schleuderte den Rebellen in den Abgrund, und ein Drittel der Engelschar fiel mit ihm vom Licht ab. Sie wurden zu finsteren Engeln, die Menschen seitdem vom rechten Weg abbringen und in Versuchung führen.

Letztendlich dienen jedoch alle Engel dem Herrn des Universums. Erzengel können nicht abfallen. Sie lehnen sich auch nicht gegen den Schöpfer auf, sondern bieten Gott ihre Dienste an – in diesem Fall, um die Bewohner der Erde auf die Probe zu stellen.

Die Erde ist insofern einzigartig, als Gott beschloß, hier ein Experiment mit dem freien Willen durchzuführen. Wie könnten Menschen besser durch Erfahrungen geistig wachsen als dann, wenn sie die freie Wahl haben?

Der Grund für das Experiment war folgender: Im Zustand der Vollkommenheit ist kein Wachstum möglich. Damit sich der Mensch weiterentwickeln kann, muß es Herausforderungen geben. Es gibt kein Yin ohne Yang, nichts Negatives ohne Positives, keine weibliche ohne männliche Energie. Also wurde die Erde als eine Stätte der Wahlmöglichkeiten geschaffen, wo ihre Bewohner lernen können, Materie und Geist in Harmonie zu bringen. Durch die Erfahrung der Polarität soll sich das Bewußtsein der Wesen, die sich hier verkörpern, vervollkommnen und die himmlischen Sphären des Lichts bereichern, wenn sie nach Hause zurückkehren.

Als Gott diese Zone des freien Willens schuf, war zur Überwachung des göttlichen Projekts ein mächtiger Erzengel nötig. Ich glaube, der Erzengel Luzifer meldete sich freiwillig, um dieses Experiment durchzuführen. Wir hören immer wieder, daß Luzifer eines Tages an seinen ursprünglichen Platz zurückkehren wird, und zwar dann, wenn alle Menschen auf der Erde ihr Bewußtsein vervollkommnet und ihre Schattenseiten in einer entwickelten Persönlichkeit integriert haben. Dann erst hat er seine Aufgabe erfüllt. Um an dem Experiment des freien Willens teilnehmen zu können, willigten Luzifer und seine freiwilligen Helfer ein, daß ihre Verbindung zu Gott unterbrochen wurde. Sobald Luzifer zum Herrn der Dunkelheit wurde, wirkte er als Quelle der Negativität und setzte seine unermeßliche Macht ein, um die Menschen zu verführen.

Der Schöpfer verfügte, daß alle Wesen, die sich hier verkörpern, bei ihren Gedanken und Handlungen freie Wahl haben. Bei unserer Geburt wird deshalb die Erinnerung an unser göttliches Erbe ausgelöscht, obwohl wir den göttlichen Funken von Zeit zu Zeit in uns spüren. Es ist uns auf der Erde völlig freigestellt, negativen oder positiven Gedanken nachzuhängen und Gutes oder Schlechtes zu tun. Unser Wachstum hängt von unserer eigenen Wahl ab. Darüber hinaus wird alles, was wir denken oder woran wir glauben, in unserem Leben widergespiegelt. Das bedeutet, daß sich jeder von uns seine eigene Realität schafft. Wenn wir unsere Überzeugungen, Gedanken oder unser Tun verändern, reflektiert das Universum die Veränderungen, und wir erleben auch in unserem äußeren Leben einen tiefgreifenden Wandel.

Mit anderen Worten: Auf der Erde wird unsere innere Welt von der Außenwelt reflektiert. Dadurch haben wir die allergrößten Chancen, spirituell zu wachsen. Wir vervollkommnen uns, indem wir uns den Prüfungen stellen, die uns auferlegt werden. Jedesmal wenn wir uns für richtiges Denken oder richtiges Tun entscheiden, entwickeln wir uns ein wenig weiter. Auf Daseinsebenen, wo es keine freie Wahl gibt, vollzieht sich das Wachstum langsamer.

Finsternis, Negativität oder Böses bedeuten das Fehlen von Licht oder spirituellem Wissen. Wenn uns die Finsternis überwältigt hat, fühlen wir uns von Gott getrennt. Das tut weh, und nur ein verletztes Wesen schadet einem anderen. Das Getrenntsein vom Licht führt zu Schuld, Angst und Selbsttäuschung. Wenn wir Gott vergessen oder meinen, wir seien allein und hätten keine tiefere Verbindung zu anderen Seelen, machen wir uns von Menschen abhängig und klammern uns an sie. Das heißt, wir versuchen fatalerweise, es anderen Menschen recht zu machen oder sie zu beherrschen, um das Gefühl des Verlassenseins zu vermeiden. Und so wird es in uns immer finsterer.

Da die spirituellen Wahrheiten in Vergessenheit gerieten, begannen Menschen, andere zu verletzen, den Planeten zu vernichten, materiellem Besitz nachzujagen und dunkle, ärgerliche Gedanken zu hegen. Die finsteren Engel förderten diese Negativität und wurden dadurch immer mächtiger.

Es ist sehr schwierig, sich nicht von der Negativität anstecken zu lassen, solange wir uns in einem physischen Körper befinden. Selbst Menschen mit einem hochentwickelten Bewußtsein finden es schwierig, sich der Finsternis unseres Planeten zu entziehen. Obwohl das Risiko besteht, daß unser göttliches Licht vom schwarzen Tuch der Finsternis völlig umhüllt wird, so daß sein Strahlen erstirbt, warten Seelen aus dem ganzen Universum darauf, sich auf der Erde zu verkörpern, weil sie so einzigartige Herausforderungen und Gelegenheiten zum Wachstum bietet.

Menschen, die von der Negativität überwältigt werden oder sich der Wahrheit verschließen, gehen auf diesem Pfad oft so lange weiter, bis ihr Herz so verletzt ist, daß sie laut um Hilfe rufen. Die Engel des Lichts wenden sich ihnen sofort mit ihrer ganzen Liebe zu und führen die verzweifelten Menschen zurück zu Gott. Genau wie Engel des Lichts ihre Macht einsetzen, um Menschen zu unterstützen, zu ermutigen und zu befreien, setzen die finsteren Engel alles daran, Menschen in Versuchung zu führen, ihnen wütende und zerstörerische Gedanken einzuflüstern und ihre Energie zu schwächen. In der Sphäre des freien Willens, die die Erde darstellt, tun die finsteren Engel alles, um ihr Ziel zu erreichen, ja sie geben sich sogar als Lichtengel aus, um die Seelen an sich zu ketten. Der wirksamste Schutz gegen die Stimmen der Finsternis – das heißt der Versuchung – sind ein gesunder Menschenverstand und ein gutes Urteilsvermögen sowie gütige, liebevolle Absichten und eine positive Einstellung – und daß man immer auf die leise innere Stimme des höheren Bewußtseins horcht.

Wenn uns ein Engel oder ein anderes Wesen erscheint, empfiehlt es sich immer zu prüfen, ob es wirklich ein Lichtwesen ist. So könnte man fragen: «Im Namen Gottes und allem, was heilig ist, bist du ein Engel des Lichts?» Stellen Sie das Wesen dreimal auf diese Weise auf die Probe. Wenn die Antwort jedesmal «Ja» lautet, dürfen Sie ihm Ihr Vertrauen schenken. Diese Wesen sind den mächtigen spirituellen Gesetzen des Universums unterworfen und müssen ehrlich antworten, wenn man sie dreimal im Namen Gottes herausfordert.

Helfende Engel strahlen ein goldenes Licht aus, und ihre Botschaften werden in uns stets Liebe, Harmonie, Gerechtigkeit und Glauben hervorrufen. Ein Lichtengel wird außerdem immer ein Gefühl von Wärme und Frieden in uns hinterlassen.

Lichtengel fordern uns auf: «Folge deinem Herzen. Das ist deine höhere Bestimmung.»

Lichtengel haben keinen freien Willen. Ihr innigster Wunsch ist es, dem Schöpfer zu dienen und nach seinem Willen zu handeln. Das engt ihre Wahlmöglichkeiten ein. Wenn auch wir Menschen unser Bewußtsein so weit entwickeln, daß unser einziger Wunsch darin besteht, dem Willen Gottes zu folgen, dann verzichten wir irgendwann auf die verhängnisvolle Freiheit, uns Schaden zuzufügen.

Wir dürfen nie vergessen, daß die Göttliche Intelligenz das Projekt des Planeten Erde überwacht und daß Licht immer stärker ist als Dunkelheit. Keine finstere Macht kann uns etwas anhaben, wenn wir am Licht festhalten.

Bei diesem Experiment des freien Willens haben die Menschen die Grenzen dessen, was erlaubt ist, längst überschritten. Wir haben uns und dem Planeten großes Leid zugefügt, und deshalb bieten derzeit Engel und andere Lichtwesen alle ihre Kräfte auf, um uns zu helfen und uns vor dem drohenden Untergang zu bewahren. Wir müssen uns unbedingt entspannen, Zutrauen fassen, zu unserer Mitte finden und zur Ruhe kommen, um uns ihrer Hilfe zu öffnen.

Wie Menschen steht es auch den finsteren Engeln, die sich für dieses Experiment von Gott getrennt haben, frei, nach ihrem eigenen Willen zu handeln.

Lichtengel haben keinen freien Willen:
sie sind allein von dem Wunsch beseelt,
dem Willen des Schöpfers zu dienen.

Engel-Meditationen 1, 2 und 3 (Seite 135, 136 und 137)

29

Das Mysterium
von Leben und Tod

In Zeiten der Gefahr wenden sich viele Menschen an Gott. Viele müssen erst in lebensbedrohliche Situationen geraten, um sich wieder daran zu erinnern, daß sie auf seine liebevolle Hilfe vertrauen dürfen. Vielleicht ist das der Grund, weshalb man häufig zeitgenössische Darstellungen von Engeln in Militäreinrichtungen findet! Ich war jedenfalls gar nicht erstaunt, als ich an einem Marinestützpunkt in Kalifornien auf ein wunderschönes bleiverglastes Fenster mit dem Erzengel Gabriel stieß.

Über die Erscheinung von Engeln in Mons während des Ersten Weltkriegs gibt es gründlich recherchierte Berichte. Als die Briten von den Deutschen geschlagen wurden, erschienen den Armeen offenbar Engel, die Hunderten von Soldaten Trost und neuen Mut gaben. Den Berichten zufolge sahen manche von ihnen einen, andere wiederum eine ganze Schar Engel. Alle sind sich jedoch einig, daß die Engel eingriffen, um die britische Armee zu ermutigen und ihr Zeit zum Abzug zu geben.

Ich bin mir sicher, daß die Engel Millionen von Gebeten erhörten, sowohl die der Armee als auch jene der Menschen zu Hause, die mit Bangen deren Rückkehr erwarteten. Ganz zwangsläufig unterstützten die Lichtwesen die Freiheit und nicht die Aggression und die Macht.

Während der Schlacht um England soll es Flugzeuge gegeben haben, die, obwohl ihre Besatzung getötet worden war, weiterkämpften. Der oberste Marschall der Luftwaffe, Lord Dowding, äußerte später, er sei sicher, daß Engel diese Flugzeuge gesteuert hätten.

Als ich diese Episode niederschrieb, erzählte mir eine Freundin, daß ihr Vater als Teenager ein bewegendes Erlebnis mit einem Engel gehabt habe. Er hatte ihr gegenüber niemals davon gesprochen, sie hatte erst Jahre später durch ihre Mutter davon erfahren.

Es geschah im Alter von achtzehn Jahren, als er mit seinem ersten Motorrad unterwegs war. Das Motorrad geriet im Regen ins Schleudern, und er stürzte. Als der Krankenwagen eintraf, war er nur noch halb bei Bewußtsein. Während ihn die Sanitäter in den Krankenwagen hievten, hörte er mit einem Male ein leises Flügelflattern und spürte, wie ihn eine wunderbare, warme, Geborgenheit ausstrahlende Wesenheit vorsichtig mit den Sanitätern hochhob. Nun wußte er, daß ein Engel ihn beschützte und daß alles in Ordnung war.

Ich frage mich, ob und inwiefern dies sein Leben veränderte. Oder verbannte er wie so viele andere dieses Erlebnis ein für allemal ins dunkle Hinterstübchen?

Bevor wir uns auf der Erde verkörpern, besprechen wir unser zukünftiges Leben mit den Herren des Karma, jenen Wesen in der Engelhierarchie, die die Chronik unserer vergangenen Leben und Taten führen und sie überwachen. Es ist wichtig, die geeigneten Eltern zu finden, damit wir genau die Erfahrungen machen können, die notwendig sind, um uns weiterzuentwickeln; den Zeitpunkt unserer Geburt wählen wir selbst. Wir entscheiden auch über die planetaren Aspekte, die uns beeinflussen werden. Höherentwickelte Seelen suchen die Bedingungen für ihre Inkarnation sorgfältiger aus, weshalb sie auch weniger Alternativen haben.

Wir setzen im voraus unsere Lebensdauer auf diesem Planeten und den Zeitpunkt unserer Rückkehr fest. Die Entscheidung über unseren Tod kann sich aufgrund bestimmter Entscheidungen, die wir während unseres Lebens auf der Erde treffen, ändern. Wenn wir beispielsweise unseren physischen Körper durch schlechte Ernährung schädigen, wird er vielleicht nicht mehr in der Lage sein, unserem Geist eine geeignete Bleibe zu bieten. Sollten wir unseren Lebenswillen verlieren, treten wir möglicherweise schon vorzeitig unsere Reise zurück an. Selbstmord ist jedoch nicht die einzige Möglichkeit, sich frühzeitig unserer Mission auf der Erde zu entziehen, denn der Selbstzerstörungstrieb kann viele Formen annehmen. Menschen trinken sich zu Tode. Sie gehen gegen besseres Wissen lebensgefährliche Risiken ein. Sie sterben an gebrochenem Herzen. Sie hängen so machtvollen negativen Gedanken nach, daß sie krank werden.

Wir sterben nur dann vor der gewählten Zeitspanne, wenn wir uns mutwillig Schaden zufügen. Engel jedoch können uns helfen, wenn wir es zulassen und unseren Drang nach Selbstzerstörung aufgeben. Sollten wir unsere Mission auf der Erde vorzeitig abbrechen, müssen wir sie unter ähnlichen Umständen und mit denselben Herausforderungen wiederholen. Wenn wir uns beispielsweise zehn Jahre zu früh verabschieden, noch bevor wir eine letzte karmische Schuld getilgt haben, brauchen wir vielleicht nur für zehn Jahre zurückzukommen, um sie zu begleichen. In diesem Fall werden wir in unserem nächsten Leben möglicherweise als Kind sterben. Die Engel werden uns bei all unseren Entscheidungen unterstützen.

Wenn aber unsere Todesstunde definitiv noch nicht gekommen ist, wird unser Engel uns retten. Das kann er sogar auf physischer Ebene tun. Viele Menschen, die sich in einer gefährlichen Situation befanden, nahmen einen warmen Luftzug wahr und fühlten, wie eine unsichtbare Kraft sie aus der Gefahrenzone zog.

Im Krieg gab es eine Redewendung, die lautete: «Wenn auf einer Kugel deine Zahl steht, bist du an der Reihe.» Wenn das Schicksal jedoch einen anderen Plan für jemanden vorgesehen hatte, war er sicher. Die Engel beschützten ihn.

Immer mehr Menschen berichten heute von Nahtod-Erfahrungen. In allen Kulturen und Religionen sind diese Geschichten bemerkenswert stimmig. Fast alle der Betroffenen berichten von einem Tunnel aus Licht, durch den sie sich hindurchbewegen, und von einem wunderbaren Gefühl von Frieden

und Liebe. Hierauf erklärt ihnen zumeist ein Engel, ein Lichtwesen oder auch nur eine Stimme, daß sie ihre Aufgabe noch
nicht erledigt haben und deshalb zurückkehren müssen. In
anderen Fällen rät ihnen ein Engel oder ein strahlendes, weises
Wesen – vermutlich ein Vertreter der Herren des Karma –, ihre
Situation nochmals zu überdenken, und stellt ihnen frei, entweder zu bleiben oder zurückzukehren und ihr Leben zu
verändern.

Der Tod kommt nie zufällig:
unsere Engel retten uns,
wenn der Zeitpunkt, den Planeten zu verlassen,
noch nicht gekommen ist.

Engel-Meditationen 1 und 3 (Seite 135 und 137)

30

Himmlische Führung auf dem spirituellen Pfad

Engel stehen im Dienst Gottes. Wahre Spiritualität geht über Religion weit hinaus, doch sie akzeptiert und respektiert alle Religionen – obwohl die meisten sich in ihrer starren Dogmatik von der reinen Botschaft Gottes längst entfernt haben. Wahre Spiritualität betrachtet einen Berg und sieht, daß jeder Pfad hinauf für die Person, die ihn beschreitet, der richtige ist – selbst Leid, Krankheit, Verletzungen und Katastrophen sind Wege zum Licht. Diese stellen Prüfungen dar, die dazu führen, daß sich die Menschen wieder Gott zuwenden. Tiefste Verzweiflung markiert oft den Wendepunkt in der persönlichen Entwicklung eines Menschen, an dem er Gott um Hilfe anruft.

Diejenigen, die unbewußt der Finsternis zuarbeiten – leider oft im Namen Gottes und der Religion –, wollen andere beherrschen, einschränken oder entmachten. Sie sagen vielleicht: «Du wirst den Berggipfel nur erreichen, wenn du so oder so handelst.» Sie verweigern möglicherweise sogar jemandem ihre Hilfe, falls dieser nicht dem von ihnen vorgegebenen Weg folgt. Das ist Beherrschung und Manipulation, und es zeugt von geistiger Beschränktheit und fehlendem Mitgefühl. Wenn irgend jemand versucht, andere im Namen des Lichts einzuschränken oder ihnen ihre Freiheit zu nehmen, erweist er dem Planeten keinen Gefallen und lädt sich darüber hinaus ein furchtbares Karma auf.

Menschen, die Gott fürchten, wandeln im Finstern. Menschen, die Gott lieben, wachsen dem Licht entgegen.

Menschen, die Engel fürchten, leben im Schatten. Menschen, die Engel lieben, tanzen voller Freude.

Unwissenheit verhindert den Weg ins Licht. Wer wissentlich die Wahrheit verbirgt oder sie unter dem Vorwand verzerrt, die Massen seien nicht bereit, sie zu hören, wird selbst weiterhin in der Dunkelheit verharren. Schon immer wurden in der Geschichte heilige und esoterische Texte versteckt oder vernichtet.

Im Jahr 553 n. Chr. ließ Kaiser Justinian auf dem Zweiten Konzil von Konstantinopel die Passagen aus der Bibel streichen, die von der Reinkarnation sprachen, denn er und seine Kirche wollten über die Seelen der Menschen herrschen. Wenn auch die Menschen des Westens über dieses Wissen verfügen und die heiligen Gesetze der Reinkarnation anerkennen, werden sie endlich Herren ihres eigenen Schicksals sein. Sie werden sich nicht mehr von Mittelsmännern der religiösen Hierarchien vorschreiben lassen, was sie auf ihrem Weg zum Licht tun dürfen und was nicht. Wenn diese Wahrheit offenbart wird, werden alle Menschen aus dem Bewußtsein heraus handeln, daß jede unserer Handlungen von unserem Schutzengel in der Akashachronik aufgezeichnet wird und wir unser Schicksal selbst in die Hand nehmen können.

Ärgern Sie sich nicht, und seien Sie nicht enttäuscht, wenn Sie diese Zeilen lesen, sondern bitten Sie lieber in aller Ruhe die Engel, der Wahrheit zum Licht zu verhelfen. Bitten Sie sie darum, an die Vernunft jener zu appellieren, die die politische und religiöse Verantwortung für die Menschen auf diesem Planeten tragen. Bitten Sie sie, diesen den Weg ins Licht zu offenbaren.

Die Religionen diktieren den Menschen, was sie zu tun und zu glauben haben. Spiritualität dagegen fordert sie auf, auf ihre eigene Führung zu hören und ihrem Herzen zu folgen. Sie läßt den Menschen ihre Freiheit und erinnert uns lediglich an die höchsten spirituellen Eigenschaften wie Friedfertigkeit, Liebe, Freude, Mitgefühl, Integrität, Brüderlichkeit, Schwesterlichkeit, Frieden und Eins-Sein. Allein diese Worte auszusprechen entzündet ein Licht in uns.

Jeder, der Höllenqualen und Verdammnis predigt, verstärkt den Einfluß der Finsternis und arbeitet daher für sie. Solche Prediger schüren die Angst, die im Universum herrscht. Jedesmal wenn wir Namen aussprechen, die den Teufel verkörpern, erhält er Macht über uns. Selbst die Schwingung von Flüchen mindert unser Potential.

Anfang des 15. Jahrhunderts schlich sich die Korruption in der christlichen Priesterschaft ein. Statt die Engel und das Licht zu verteidigen, griff sie den Teufel an und verlieh ihm Macht, womit sie den Schrecken der Inquisition Tür und Tür öffnete. Mit der Ermordung der Hexen aber tötete sie in Wirklichkeit die Heilerinnen, Seherinnen und Prophetinnen – diejenigen, die die Wahrheit verkündeten. Viele dieser Seelen verkörpern sich heute wieder auf der Erde, um das Licht auf unseren Planeten zurückzubringen.

Ein wahrhaft spiritueller Mensch vertraut darauf, daß andere ihren eigenen Weg zum Berggipfel finden, und wird ihnen unvoreingenommen dabei helfen. Will jemand einen anderen Weg einschlagen, wünscht ihm ein erleuchtetes Wesen Glück. Ein spiritueller Mensch wird auch niemanden verurteilen, der einen ganz offensichtlich falschen Weg einschlägt, denn der mag wichtig für seinen Entwicklungsprozeß sein. Er wird andere jedoch dazu ermutigen, sich selber Gedanken zu machen, auf seine innere Führung zu hören und unabhängig zu sein. Er wird in jedem Menschen die Kraft erwecken, direkt zu Gott, Engeln oder anderen Wesen von Höherer Weisheit zu sprechen.

Engel des Lichts helfen jedem, der auf seinem Pfad den Berg erklimmt. Vor den Wesen des Lichts sind alle gleich. Und wenn jemand ins Straucheln gerät, stehen die Engel geduldig, ohne zu verurteilen, an seiner Seite und helfen, wenn sie darum gebeten werden.

Manchmal fragen mich Klienten, wie es kommt, daß Engel so viele verschiedene Sprachen sprechen. Der Grund sind telepathische Fähigkeiten, über die die meisten von uns verfügen. Oft schnappen wir die Gedanken anderer Menschen auf und sagen dann überrascht: «Daran habe ich auch gerade gedacht!»

Jenseits der Begrenzungen des Körpers, in den höheren Reichen, erfolgt alle Kommunikation telepathisch. Worte sind unnötig, weil allein die Energie der Botschaft dem anderen übermittelt wird. Das geschieht nicht willkürlich und unbewußt, sondern der Sender formuliert im Geist eine präzise Botschaft, die in einem Strom aus Bewußtsein zum Empfänger gesendet wird.

Wenn Engel und höhere Wesen mit uns kommunizieren, erreicht uns ihre Mitteilung durch einen solchen Bewußtseinsstrom. In unserem Geist formt sich dann ein eindringlicher Gedanke, oder wir nehmen sogar den Klang einer Stimme wahr. Die Stimme ist jedoch ein Produkt unseres eigenen Geistes, denn allein die Energie wird übertragen und im weiteren durch unser Bewußtsein in unsere Sprache quasi «übersetzt». Engel brauchen deshalb keine Sprachgenies zu sein. Sie kommunizieren in der Sprache des Schöpfers, der Schwingung der Liebe.

Bei meinem ersten Engel-Workshop führte ich die Teilnehmer durch eine geleitete Meditation. Mir wurde deutlich gesagt, daß wir alle zu sehr dem analytischen Denken verhaftet seien und unseren Geist davon befreien müßten. Statt dessen sollten wir uns vorstellen, daß unser Verstand in weiß-violettes Licht getaucht wäre. Ich fühlte sofort eine riesige weiß-violette, helle Flamme in meinem dritten Auge, empfand unglaublich großen Frieden und fühlte mich eins mit dem Universum. Später stellte sich heraus, daß viele Teilnehmer dasselbe eindrucksvolle Gefühl hatten, als die Engel sich näherten. Wenn wir in die Farbe Weiß-Violett oder Violett eintauchen, erhöht sich gleichzeitig unsere Schwingung.

Es gibt insgesamt fünf Methoden, um sich mit den Engeln des Lichts enger zu verbinden.

1. Denken Sie oft an sie. Bitten Sie sie, näher zu kommen und Ihnen zu helfen.
2. Läutern und reinigen Sie Ihre Gedanken, damit Ihr Auraumfeld für die zarte Schwingung der Engel durchlässiger wird.

3. Hören Sie auf, ständig zu analysieren und über alles nachzugrübeln. Damit beanspruchen Sie allein Ihre linke Gehirnhälfte und verhindern so die Verbindung zu den Engeln. Immer wenn Sie merken, daß Sie allzu kopflastig werden, stellen Sie sich ein weiß-violettes Licht in Ihrem Kopf vor.
4. Seien Sie offen für die Gegenwart der Engel und ihre Botschaften.
5. Hören Sie sich Engelmusik an. Sie wird derzeit durch zahlreiche Medien gechannelt. Sie verfeinert Ihre Schwingung, so daß die Engel sich mit Ihnen verbinden können, und ist wirklich wunderschön. Woher wissen Sie, ob es sich um authentische Engelmusik handelt? Wie können Sie sich sicher sein, daß sie für Sie das Richtige ist? Die Antwort ist stets: Folgen Sie Ihrer Intuition.

*Engel helfen Ihnen,
Herrschaft über Ihre eigene Seele zu erlangen.*

Engel-Meditationen 1 und 3 (Seite 135 und 137)

31

Auf dem Weg
in ein neues Zeitalter

Eines Tages dachte ich im stillen über die vielen Probleme nach, mit denen mir bekannte Menschen konfrontiert waren. Plötzlich hörte ich eine engelhafte Stimme, die sagte: «Der Grund, weshalb so viele von euch Prüfungen über sich ergehen lassen müssen, ist euer Karma, das zur Auflösung drängt. Ihr müßt euch euren Dämonen stellen, eure Lektion lernen und weiterziehen. Für Ruhepausen bleibt keine Zeit.»

Unser Karma auflösen heißt, unsere «Schulden» zurückzuzahlen. Wenn wir jemals etwas gedacht oder getan haben, was andere verletzt oder ihnen geschadet hat, müssen wir die Folgen tragen. Wir können den Konsequenzen unseres Tuns nicht entkommen, denn die Chronik unseres Karmas umfaßt alle Erfahrungen, die unsere Seele während der vielen Leben gesammelt hat.

Ich mußte selbst eine schwere Zeit überstehen. Obwohl ich versuchte, während dieser Prüfung ständig in meiner Mitte zu bleiben, waren meine Emotionen permanenten Schwankungen unterworfen. «Wie können wir anderen helfen und sie heilen, wenn wir uns selbst so schlecht fühlen?» wollte ich wissen.

Die engelhafte Stimme erwiderte: «Verlasse dein Ego, und gehe in deinen goldenen Körper. Er ist dein Engelkörper.»

Bei diesen Worten lächelte ich. Mit dem Begriff «goldener Körper» bezeichne ich einen Zustand, in dem wir ganz in unserer Mitte sind. Der Begriff entstand vor ein paar Jahren, als ich mit einer hellsichtigen Klientin arbeitete, die mich ansah und erstaunt ausrief: «Sie sind ja ganz golden! Sie befinden sich in einem goldenen Körper!»

Der goldene Körper ist ein Raum, in dem uns von außen nichts mehr berührt. Wir geben für einen Moment unser Ego auf, um der höheren Führung zu lauschen, und konzentrieren uns völlig auf unser Tun. Die Stimme sprach weiter und übermittelte mir eine für mich ganz erstaunliche Botschaft: «Da die Erde momentan durch eine sehr schwierige Phase geht, bemühen sich die Engel verstärkt darum, den Menschen zu helfen. Eure Atome, Zellen und DNS verändern sich kontinuierlich, damit ihr in die fünfte Dimension eintreten könnt. Vielleicht fühlt ihr dies in eurem Körper – in eurem Herzen, in den Schultern, im Solarplexus und in den Chakren, die sich öffnen. Noch ist euer Geist auf wenige Dimensionen beschränkt, aber bald werdet ihr ihn für alle fünf Dimensionen öffnen können und das Bewußtsein von Engeln erreichen.»

Die meisten von uns nehmen allein die physische Welt wahr und glauben nur an das, was sie sehen, fühlen und berühren können. Das bedeutet, wir leben in einer materiellen Welt, die durch unsere Überzeugungen völlig eingeengt ist.

Wir sind ständig auf der Suche nach Liebe und Bestätigung von anderen. Wir fürchten uns vor Ablehnung, Verlassenwerden und Alleinsein. Das führt oft dazu, daß wir andere zu beherrschen und zu manipulieren versuchen, damit sie unsere Bedürfnisse befriedigen. Wenn man physische, geistige und emotionale Unterstützung braucht, so führt das zu Beziehungen der Abhängigkeit, die unser spirituelles Wachstum hemmen.

Auch wenn wir uns Gott zuwenden, bitten wir häufig noch um die Erfüllung unserer Wünsche und die Befriedigung unserer Bedürfnisse.

Die Erde soll ein fünfdimensionaler Planet werden, das heißt ein Planet mit höherem Bewußtsein. In diesem Bewußtseinszustand brauchen wir die Unterstützung und Bestätigung anderer Menschen nicht mehr und gehen demzufolge keine Beziehungen mehr ein, in denen wir abhängig sind. Unser einziges Ziel ist es dann, unseren höchsten spirituellen Absichten zu folgen.

In der höheren Dimension leben wir auf einer Ebene größeren Vertrauens. Wenn wir also von Gott etwas erbitten, dann sind wir uns sicher, daß wir es auch bekommen. In jedem Fall konzentrieren wir uns darauf, um die Entfaltung positiver Eigenschaften statt um Dinge zu bitten. Wir werden – erlöst von Negativität – in Harmonie und Frieden leben und uns für unsere höchsten Ziele und das Wohl aller Menschen einsetzen.

Kein Wunder, daß sich die Engel mit all ihrer Liebe und Weisheit um den Planeten Erde scharen, um bei dieser gewaltigen Bewußtseinsverlagerung mitzuhelfen!

Die Stimme fuhr fort: «Du kannst leichter mit den Engeln Verbindung aufnehmen, wenn du dich in einem fünfdimensionalen Raum, das heißt in deinem goldenen Körper, befindest. Wenn du dich in diesen höheren Bewußtseinszustand begibst, ist das so, als legtest du einen anderen Gang ein. Die meisten von uns tun dies ganz automatisch, aber es gibt Dinge, die uns dabei helfen.

* Lest inspirierende Bücher. Damit öffnet ihr euren Geist.
* Konzentriert euch auf Schönheit, Freude und höhere Eigenschaften.
* Geht möglichst oft in der Natur spazieren und genießt sie mit all euren Sinnen.
* Hört inspirierende Musik. Musik dringt in eure Zellen und erhöht eure Schwingung.
* Bedankt euch immer für das, was ihr habt. Mit einem Dankeschön sendet ihr eine positive Energie aus, durch die noch mehr gute Dinge in euer Leben kommen.
* Entspannt euch. Wir wissen, daß das schwierig ist, wenn ihr das Gefühl habt, im Strom des Lebens dahinzubrausen, aber wir bitten euch: Habt Vertrauen, und laßt euch vom Strom mittragen.

Ich fragte, wie ich mit Engeln Verbindung aufnehmen könne. Die Stimme antwortete: «Konzentriere dich einfach auf Engel!»

Konzentrieren Sie sich auf Engel,
und sie werden in Ihr Leben treten.

Engel-Meditationen 1 und 3 (Seite 135 und 137)

32

Den Engeln begegnen – Praktische Übungen und Meditationen

Ich beschließe dieses Buch mit einigen geführten Phantasiereisen, mit deren Hilfe Sie Ihren Engeln näherkommen können und ihre einzigartige Hilfe erfahren dürfen.

Ziehen Sie bequeme Kleidung an und sorgen Sie dafür, daß Sie eine halbe Stunde lang nicht gestört werden.

Um eine positive Stimmung zu schaffen, können Sie eine Kerze anzünden oder Kristalle, Pflanzen und Blumen ringsherum aufstellen. Auch spirituelle Bücher in diesem Raum und schöne Musik helfen Ihnen dabei, die Schwingungen zu erhöhen, damit Sie in Kontakt mit den Engeln treten können.

Bevor Sie mit der Meditation beginnen, geben Sie dem Wunsch Ausdruck, daß alles, was geschieht, zu Ihrem Wohl beitragen möge. Bitten Sie die Engel des Lichts zu kommen, um Sie zu beschützen und zu heilen.

1 Den Kontakt zu Engeln herstellen

1. Setzen oder legen Sie sich bequem auf einen Sessel, Ihr Bett, eine Matte oder auf den Boden.
2. Atmen Sie etwas tiefer als sonst ein, und versuchen Sie, sich beim Ausatmen zu entspannen. Führen Sie die vertiefte Atmung so lange durch, bis sich Ihr ganzer Körper ruhig anfühlt.
3. Laden Sie Ihren Schutzengel ein, näher zu kommen. Spüren

Sie, wie seine sanften Flügel Sie umfangen, und genießen Sie entspannt die Geborgenheit.

4. Fragen Sie Ihren Schutzengel nach seinem Namen. Freuen Sie sich, wenn Sie seinen Namen im Geiste hören; wenn er Ihnen aber nicht in den Sinn kommt, ist es auch nicht weiter schlimm.

5. Wenn Sie sich in die Liebe und Geborgenheit Ihres Schutzengels eingehüllt fühlen, versuchen Sie, sich anderer Engel in Ihrer Umgebung bewußt zu werden, und spüren Sie, wieviel Liebe jeder für Sie empfindet.

6. Atmen Sie alle Liebe, die diese Wesen ausstrahlen, ein. Denken Sie daran, daß Sie es verdient haben, geliebt zu werden.

7. Öffnen Sie nach Abschluß der Übung langsam die Augen.

2 Seelische Wunden heilen

1. Setzen oder legen Sie sich bequem auf einen Sessel oder eine Unterlage.

2. Holen Sie tief Luft, und finden Sie beim Ausatmen Ihre Mitte. Sagen Sie dann bei jedem Ausatmen «Ruhe», bis Sie sich wirklich entspannt fühlen.

3. Spüren Sie das Äußere Ihres Herzens. Ist es glatt und gesund? Oder eher rauh, angeschlagen, voller Narben, gebrochen oder in anderer Weise verletzt?

4. Spüren Sie das Innere Ihres Herzens. Ist es von Liebe erfüllt oder voller Verletzungen, Ärger und Eifersucht? Sind dort alte, ungelöste Probleme verborgen, die auf Heilung warten?

5. Laden Sie dann die Engel der Heilung ein, Ihr Herz zu heilen, und spüren Sie, wie viele Engel Ihnen zu Hilfe kommen.

6. Öffnen Sie sich ganz der Heilung durch die Engel, die die Wunden schließen und den Schmerz auflösen.

7. Visualisieren Sie, wie sie Ihr Herz herausnehmen und es zu einem wunderschönen Wasserfall tragen. Während sie Ihr

Herz unter den glitzernden Strahl halten, spüren und beobachten Sie, wie alte Verletzungen fortgespült werden.

8. Die Engel tragen jetzt Ihr Herz hinauf zum Schöpfer, wo es gesegnet wird. Entspannen Sie sich, und seien Sie empfänglich und offen für alles, was geschehen könnte.

9. Bedanken Sie sich anschließend für alles, was Sie bekommen haben.

10. Öffnen Sie sich, damit die Engel Ihr gereinigtes und gesegnetes Herz wieder in Ihren Körper setzen können.

11. Fühlen Sie, wie die Engel Ihre Aura streicheln, um Verletzungen zu heilen und Ihnen Geborgenheit zu schenken.

12. Wenn Sie die Übung beendet haben, öffnen Sie die Augen und konzentrieren Sie sich auf liebevolle Gedanken.

3 Geistige Führung

Die Herren des Karma helfen uns dabei, wichtige Entscheidungen zu treffen. Sie führen die Akashachronik, unsere Bilanz guter und böser Taten. Wenn wir darum bitten, werden sie uns Hilfe und Führung gewähren. Wenn Sie in Ihrem Leben auf eine Herausforderung treffen, bezüglich derer Sie um Führung bitten wollen, sollten Sie sich zuerst eine Frage überlegen, bevor Sie mit der Reise beginnen.

1. Atmen Sie mehrmals tief·ein, und sagen Sie beim Ausatmen jedesmal «Frieden».

2. Beginnen Sie bei den Zehen, und entspannen Sie nach und nach Ihren Körper bis hinauf zum Schädel.

3. Laden Sie Ihren Engel ein, zu Ihnen zu kommen, und spüren oder beobachten Sie, wie er sich nähert. Nehmen Sie sich einen Augenblick Zeit, um ihn herzlich zu begrüßen.

4. Bitten Sie ihn, Sie hinauf zu den Herren des Karma zu geleiten, die Sie um Hilfe und Führung bitten wollen.

5. Lassen Sie sich von ihm an der Hand nehmen und sich

durch die Wolken, die Sterne und durchs Universum hinauftragen.

6. Atmen Sie Licht ein, und atmen Sie Eifersucht, Ärger, Schuld, Verletzungen oder Angst aus. Nehmen Sie sich dafür genügend Zeit.

7. Vor Ihnen erhebt sich ein wunderschöner weißer Tempel. Lassen Sie sich von Ihrem Engel die Stufen hinauf über den Hof zu der Tür geleiten, hinter der sich das Domizil der Herren des Karma befindet.

8. Klopfen Sie an und bitten Sie um die Erlaubnis, eintreten zu dürfen. Treten Sie dann demütig und ruhig den Herren des Karma entgegen.

9. Stellen Sie Ihre Frage oder bitten Sie um Führung, damit Sie von Ihrem negativen Karma erlöst werden können.

10. Warten Sie auf eine Antwort. Selbst wenn es so scheinen mag, als ob nichts geschieht, ist Ihre Bitte bemerkt worden, und die Führung wird kommen, sobald Sie dafür bereit sind.

11. Danken Sie den Herren des Karma dafür, daß sie Sie empfangen haben, und lassen Sie sich von Ihrem Engel wieder auf die Erde hinunterführen.

12. Danken Sie Ihrem Engel, und bleiben Sie noch eine Weile still liegen, bevor Sie die Augen öffnen.

4 Positive Eigenschaften entwickeln

Im Wassermann-Zeitalter, dem Neuen Goldenen Zeitalter, in das wir gerade eingetreten sind, werden wir auf einer höheren Bewußtseinsebene leben. Statt unser Augenmerk allein auf die materielle Welt zu lenken, werden wir voller Freude verstärkt höhere Qualitäten in unserem Leben fördern. Dazu gehören beispielsweise Freiheit, Frieden, Liebe, Begeisterung, Dankbarkeit, Ausgeglichenheit, Schönheit oder jede beliebige andere positive Eigenschaft, die unserem Wohlergehen und unserer spirituellen Entwicklung dient.

Um diesen Prozeß zu beschleunigen, ist es hilfreich, die

Engel einzuladen, in unserem Leben die Eigenschaften zu fördern, auf die wir uns konzentrieren möchten. Mit der folgenden Übung schaffen Sie den Kontakt zu den Engeln der positiven Eigenschaften.

1. Suchen Sie sich einen ruhigen Platz, an dem Sie ungestört sind. Atmen Sie Licht ein und Liebe aus, bis Sie sich entspannt haben und zur Ruhe gekommen sind.
2. Entscheiden Sie sich für eine oder zwei höhere spirituelle Eigenschaften, die Sie in Ihrem Leben gern fördern möchten.
3. Laden Sie Ihren Schutzengel ein, und fühlen Sie, wie er Sie umfängt und stützt.
4. Denken Sie ein paar Augenblicke lang über eine dieser Eigenschaften nach, die Sie in Ihrem Leben verwirklichen möchten.
5. Laden Sie den Engel ein, der diese Eigenschaft verkörpert. Vielleicht nehmen Sie diesen Engel deutlich wahr – seine Farbe, seine Größe, seine Kleidung – oder fühlen ihn.
6. Bitten Sie den Engel, diese Eigenschaft in Ihrem Leben zu fördern und zu verstärken.
7. Sehen und spüren Sie, wie sie immer mehr Raum in Ihrem Leben einnimmt.
8. Vertrauen Sie darauf, daß diese Eigenschaft wie eine Pflanze wächst und größer wird, bis sie Ihr Leben ganz ausfüllt.
9. Öffnen Sie die Augen.

5 Ängste loslassen

Engel helfen uns gern beim Loslassen von Ängsten, wenn wir nur bereit sind, uns zu entspannen und auf sie zu vertrauen.

1. Entspannen Sie sich, und atmen Sie ruhig und gleichmäßig.
2. Laden Sie einen Engel ein, der Ihnen hilft, Ihre Angst und die Verspannung in Ihrem Körper loszulassen.

3. Vielleicht möchten Sie über Ihre Angst nachdenken oder einfach in den verspannten Körperteil hineinatmen, in dem Sie die Angst festhalten.

4. Lassen Sie dazu ein Bild, eine Erinnerung oder ein Symbol aus dem Unbewußten aufsteigen.

5. Entspannen Sie sich, während der Engel – es können auch mehrere sein – das Bild, die Erinnerung oder das Symbol aus Ihrem Körper entfernt. Beobachten Sie, wie sich die Angst im Licht auflöst.

6. Der Engel wird Ihnen jetzt ein positives Bild oder Symbol zeigen, das Ihnen dabei hilft, sich stark zu fühlen.

7. Sie verankern dieses Symbol entweder fest in Ihrem dritten Auge oder in dem Körperteil, der vorher verspannt war.

8. Danken Sie Ihrem Engel, und öffnen Sie die Augen.

6 Ein positives Selbstwertgefühl erlangen

Der Solarplexus ist der Ort unseres Willens sowie auch unseres Selbstwertgefühls und unseres Vertrauens. Für viele Menschen ist er förmlich von Angst überflutet. Die Engel helfen Ihnen bereitwillig, diese Angst loszulassen, damit Ihr Vertrauen und Ihr Selbstwertgefühl wachsen können.

1. Entspannen Sie sich, und werden Sie still.

2. Atmen Sie langsam, tief und gleichmäßig in Ihren Solarplexus.

3. Stellen Sie sich vor, Sie begeben sich in Ihren Solarplexus und finden dort einen Keller oder einen Raum. Wie sieht er aus?

4. Laden Sie Ihren Engel ein, alle belastenden Erinnerungen, Ängste oder Negativität zu entfernen.

5. Erlauben Sie dem Engel, Ihren Solarplexus von Finsternis, Schmutz und Staub zu reinigen.

6. Beobachten Sie, wie der Engel eine goldene Lichtkugel formt und sie mit Vertrauen, Selbstwertgefühl und Macht füllt.

7. Öffnen Sie sich für diese goldene Energiekugel, wenn er sie in Ihren Solarplexus legt.
8. Atmen Sie in Ihren Solarplexus, und fühlen Sie, wie Ihr Selbstwertgefühl wächst.
9. Danken Sie Ihrem Engel, und öffnen Sie die Augen.

7 Sich aus Abhängigkeiten befreien

Wir können uns an nichts wirklich erfreuen, wenn wir uns daran klammern, aus Angst, es eines Tages zu verlieren und unglücklich zu sein. Das gilt für materiellen Besitz, Hobbys, Jobs und manchmal sogar für Eigenschaften wie Wut. Wenn wir unser neues Bewußtsein erlangt haben, dürfen wir sicherlich weiterhin über Besitz verfügen, doch sollten wir sicherstellen, daß unser Ego nicht zu sehr daran hängt und auch ohne ihn auskommen kann.

Dasselbe gilt für Menschen. Wenn wir uns zu sehr an Menschen ketten, besteht die Gefahr, daß wir versuchen, sie emotional zu manipulieren. Bedingungslose Liebe kennt keine Ketten und gibt anderen die Freiheit, ganz sie selbst zu sein.

Die Engel helfen uns gern dabei, solche Ketten aufzulösen und uns aus der Abhängigkeit von anderen Menschen zu befreien.

1. Entspannen Sie Ihren ganzen Körper, und machen Sie es sich bequem.
2. Finden Sie heraus, aus welcher Abhängigkeit Sie sich jetzt lösen möchten.
3. Visualisieren Sie den Gegenstand oder die betreffende Person, von dem bzw. der Sie sich befreien möchten.
4. Achten Sie darauf, was Sie mit diesem Gegenstand oder dieser Person verbindet.
5. Bitten Sie einen Engel, die Verbindung zu unterbrechen und alle Ketten zu durchtrennen. Achten Sie darauf, ob Sie dies in Ihrem physischen Körper spüren.
6. Bitten Sie den Engel, Sie mit einer höheren spirituellen

Eigenschaft zu erfüllen, damit Sie diesen Gegenstand oder diese Person aus Ihrem Leben entlassen können.
7. Atmen Sie diese Eigenschaft ein.
8. Danken Sie dem Engel, und öffnen Sie die Augen.

8 Das innere Kind heilen

In den meisten von uns lebt ein vernachlässigtes inneres Kind, das sich orientierungslos, ängstlich und traurig fühlt. Immer wenn wir Schmerzen im Körper wahrnehmen, können wir sicher sein, daß uns unser inneres Kind sein Unglück mitteilen will und eine Unterbrechung unseres Energieflusses verursacht. Auch wenn wir verletzt, verängstigt, ärgerlich, eifersüchtig, neidisch, widerwillig sind oder uns als unzulänglich empfinden, ist das ein Anzeichen dafür, daß ein Teil von uns noch unerlöst ist und uns Probleme im Leben bereitet.

Die Engel sind sehr glücklich, wenn sie uns dabei helfen dürfen, dieses verletzte innere Kind zu heilen. Wir brauchen sie nur darum zu bitten.

1. Nehmen Sie sich einige Augenblicke Zeit, die Gelenke Ihres Körpers zu lockern, und entspannen Sie sich.
2. Atmen Sie tief in Ihren Bauch, dehnen Sie ihn dabei aus, und lassen Sie dann den Atem langsam los. Wiederholen Sie dies mehrmals, bis Sie sich wohl und friedlich fühlen.
3. Denken Sie daran zurück, als Sie das letzte Mal ärgerlich, verletzt oder in irgendeiner Weise negativ gestimmt waren. Beachten Sie, daß nicht der ausgeglichene Erwachsene diese negativen Gefühle hat, sondern Ihr ratloses inneres Kind. Finden Sie heraus, wie alt dieses Kind in Ihnen ist.
4. Wenn Sie das Kind in sich spüren, trösten Sie es, und laden Sie die Engel der Heilung ein, seinen Schmerz zu heilen.
5. Entspannen Sie sich, und seien Sie offen für alles, was bei der Heilung durch die Engel geschieht.
6. Wenn die Engel das Kind zu Ihnen zurückbringen, achten Sie darauf, ob es anders aussieht und wie es sich anfühlt.

7. Danken Sie den Engeln.
8. Umarmen Sie Ihr inneres Kind, und schenken Sie ihm all Ihre Liebe.

9 *Negative Verhaltensmuster auflösen*

Wie viele Schmerzen und Verletzungen werden von einer Generation in die andere weitergegeben! Viele ungelöste Familienmuster setzen sich auf die Weise immer weiter fort. Diese Negativität bindet viele Seelen an das schwere Energiefeld der Erde und zwingt sie dazu, sich immer wieder auf diesem Planeten zu verkörpern.

Engel helfen uns gern dabei, uns und unsere Ahnen von den ungelösten Mustern zu befreien.

1. Atmen Sie in Ihre Füße, bis sie sich schwer und angenehm warm anfühlen. Atmen Sie dann in Ihre Beine, bis sich auch diese ganz entspannt haben. Tun Sie dasselbe mit Ihren Händen, Ihren Armen, Ihrem Rücken und Ihrem Rumpf.
2. Laden Sie die entsprechenden Engel zu sich ein, und entspannen Sie sich in ihrer liebevollen Energie.
3. Erklären Sie den Engeln, für welches Verhaltensmuster Sie ihre Hilfe brauchen.
4. Stellen Sie sich all Ihre Vorfahren vor, die die Last dieses Musters tragen.
5. Lassen Sie sich von den Engeln durch das Universum immer höher tragen, bis Sie in ein strahlendes weißes Licht blicken. In diesem Licht offenbart sich der Schöpfer.
6. Knien Sie mit den Engeln nieder, und bitten Sie um Gnade für sich und Ihre Vorfahren.
7. Wenn Ihnen die Gnade gewährt wird, werden Sie ein Symbol erhalten.
8. Kehren Sie mit dem Symbol auf die Erde zurück, und heilen Sie die Ahnenreihe mit seinen Strahlen.
9. Danken Sie den Engeln, und öffnen Sie die Augen.